I Gusti Ayu Oka Suryawardani

Como calcular a fuga de turistas utilizando a abordagem de microanálise

I Gusti Ayu Oka Suryawardani

Como calcular a fuga de turistas utilizando a abordagem de microanálise

ScienciaScripts

Imprint

Any brand names and product names mentioned in this book are subject to trademark, brand or patent protection and are trademarks or registered trademarks of their respective holders. The use of brand names, product names, common names, trade names, product descriptions etc. even without a particular marking in this work is in no way to be construed to mean that such names may be regarded as unrestricted in respect of trademark and brand protection legislation and could thus be used by anyone.

Cover image: www.ingimage.com

This book is a translation from the original published under ISBN 978-3-659-91471-3.

Publisher:
Sciencia Scripts
is a trademark of
Dodo Books Indian Ocean Ltd. and OmniScriptum S.R.L publishing group

120 High Road, East Finchley, London, N2 9ED, United Kingdom
Str. Armeneasca 28/1, office 1, Chisinau MD-2012, Republic of Moldova, Europe
Printed at: see last page
ISBN: 978-620-8-04090-1

Índice:

Parte 1 — 7

Capítulo 1 — 7

Parte 2 — 13

Capítulo 2 — 13

Capítulo 3 — 24

Parte 3 — 31

Capítulo 4 — 31

COMO CALCULAR A FUGA DE TURISTAS ATRAVÉS DE UMA ABORDAGEM DE MICROANÁLISE

Estudo de caso de um alojamento em Bali

I Gusti Ayu Oka Suryawardani

COMO CALCULAR A FUGA DE TURISTAS ATRAVÉS DE UMA ABORDAGEM DE MICROANÁLISE

Estudo de caso de um alojamento em Bali

I Gusti Ayu Oka Suryawardani

Editado por

Agung Suryawan Wiranatha

PREFÁCIO

Este livro é uma parte da minha dissertação, mas dá uma explicação mais pormenorizada, que foi escrita como requisito para obter o grau de doutoramento em Turismo no programa chamado Double Degree Indonesia Perancis (DDIP), que foi o programa de colaboração em investigação e desenvolvimento entre a Indonésia e a França. Era um programa de doutoramento de quatro anos, dois anos na Udayana University Bali, Indonésia, e dois anos na Université Paris-1 Pantheon Sorbonne, Paris, França. Escolhi Paris porque é um dos melhores destinos turísticos do mundo e tem mantido rigorosamente a sua imagem na proteção da cultura e do património, o que é muito importante na gestão de um destino turístico.

Este livro é benéfico tanto em termos de teoria como de prática. Teoricamente, melhora o conhecimento relacionado com as abordagens de investigação, os conceitos e os métodos de estimativa da fuga de turistas, especialmente no sector do alojamento, com base na análise micro (nível industrial) através do modelo adotado de Unluonen, *et. al.* (2011). Em termos práticos, os resultados da investigação podem ser utilizados pelos decisores políticos para formular políticas regionais e gerar estratégias, bem como para controlar a expansão da indústria do turismo, a fim de melhorar o desenvolvimento económico regional através do aumento das oportunidades de emprego, da compreensão e da sensibilização para as causas das fugas e da minimização das fugas turísticas através de uma abordagem sistémica, a fim de melhorar os benefícios económicos para a comunidade balinesa.

Além disso, ao ler este livro, esperamos poder dar uma visão geral em termos de desenvolvimento do turismo, que precisa de ser mais cuidadoso e consciente na utilização de produtos e recursos importados para apoiar o desenvolvimento da indústria do turismo, uma vez que quanto mais utilizarmos os produtos e recursos importados, maior será a fuga, o que significa que menos benefícios do turismo para a comunidade local. A compreensão da otimização da utilização do potencial dos produtos e recursos humanos locais leva a um aumento dos benefícios do turismo para a comunidade de acolhimento. Por isso, é necessário reforçar a colaboração entre o governo e as partes interessadas para melhorar a competitividade dos produtos locais, capacitando a comunidade local, os líderes comunitários e as organizações comunitárias através de uma melhor formação e educação a partir dos subsídios do governo e dos sectores privados. A proteção dos produtos locais é também crucial através da implementação de uma política de comércio internacional que deve reforçar a competitividade dos produtos e recursos locais.

O livro é composto por quatro partes. Na primeira parte, há uma explicação dos antecedentes, dos objectivos do estudo e dos benefícios do estudo. Na segunda parte, será abordado o conceito de fugas na indústria do turismo por vários especialistas, Minimizar as fugas para otimizar os benefícios do turismo, O conceito de cálculo das fugas no turismo ao nível da microanálise/industrial através do modelo adotado de Unluonen. O alojamento no turismo também faz parte do conceito. Esta parte é também apoiada pelo método do estudo, ou seja, Local e Período da Investigação, Desenho da Amostra, Âmbito do Estudo, Método de Análise de Dados, Análise de Dados, Instrumentos de Investigação. Esta parte será encerrada com as Limitações da Análise

Micro /Industrial. Na Terceira Parte, será demonstrada a análise compreensiva relativa ao cálculo da fuga de turistas do alojamento em Bali com base na Análise Micro ou no Nível Industrial, incluindo as Caraterísticas dos Hotéis da Amostragem, a Descrição dos Produtos Importados Utilizados pelos Hotéis, as Receitas Anuais dos Hotéis da Amostragem, a Fuga de Turistas dos Hotéis da Amostragem, as Fontes da Fuga de Turistas. Esta parte será encerrada com uma discussão sobre os pontos de vista dos gestores hoteleiros e a sua vontade de reduzir a fuga de turistas. Por fim, a quarta parte contém as conclusões.

Por último, espera-se que este livro possa ser uma das referências para quaisquer outros estudos relacionados que possam dar um ponto de vista sobre a economia do turismo e a gestão de destinos.

Denpasar, 22 de maio de 2017
I Gusti Ayu Oka Suryawardani

AGRADECIMENTOS

Em primeiro lugar, um profundo louvor a Deus foi expresso como sua bênção durante a redação deste livro.

Dr. Komang Gde Bendesa, M.A.D.E., Universidade de Udayana, Prof. Christine PETR, Université Sorbonné Paris1, França e Prof. Dr. Made Antara, MS, Universidade de Udayana pelo seu encorajamento e inestimável orientação, conselhos e comentários durante a realização da minha investigação, redação da dissertação e deste livro. Estou-lhes grato e, sem a sua orientação e apoio, não teria sido possível concluir esta investigação.

Maria GRAVARI-BARBAS, Diretora da EIREST Université Paris 1-Pantheon Sorbonné, França e do Prof. Irwan Katili, Diretor do Programa Double Degree Indonesia Perancis (DDIP), que me deram a oportunidade de realizar o Programa de Duplo Diploma em colaboração entre a Indonésia e a França, especialmente entre a Universidade de Udayana e a Universite Paris 1-Pantheon Sorbonné, França, em colaboração com o EIREST (Centro de Investigação em Turismo).

Um agradecimento ao Governo de França que me concedeu uma bolsa de estudo para as propinas durante os meus estudos na Sorbonné Universite Paris 1, França, bem como ao Governo da Indonésia, em coordenação com a Direção-Geral do Ensino Superior do Ministério da Educação Nacional da República da Indonésia, por me ter concedido o custo de vida durante os meus estudos em Paris, França, bem como uma bolsa de estudo durante os meus estudos no Programa de Pós-Graduação em Turismo da Universidade de Udayana.

Jean-François Lemoine, Diretor da Escola Doutoral de Gestão Panthéon Sorbonne Paris 1, França, pelos seus esforços que resultaram na minha aceitação como estudante na Sorbonné Université Paris 1, França.

Gostaria de agradecer o valioso apoio do Reitor da Universidade de Udayana, Prof. Dr. Dr. Ketut Suastika, Sp. PD-KEMD, e ao Prof. Dr. Dr. Made Bakta, Sp. Dr. Made Bakta, Sp. PD-KOM, antigo Reitor da Universidade de Udayana, pelo seu apoio durante o meu estudo. Dr. Dr. A.A. Raka Sudewi, Sp.S(K), Diretor do Programa de Pós-Graduação da Universidade Udayana, pelos seus esforços em facilitar todos os processos durante o meu estudo. Gostaria também de expressar a minha gratidão ao Prof. I Nyoman Rai, MS, Diretor da Faculdade de Agricultura da Universidade de Udayana, que me permitiu realizar o meu estudo. Agradeço vivamente a Didik Nursetyohadi, Serviço de Estatística da Província de Bali, pelo seu total apoio e ajuda na análise do macro nível de fuga de turistas no alojamento em Bali.

Por último, gostaria de dedicar este trabalho académico ao meu querido marido, Ir. Agung Suryawan Wiranatha, MSc. Agung Suryawan Wiranatha, MSc., PhD. e ao nosso adorável filho, Dr. Anak Agung Raditya Wedananta, S.Ked.

Denpasar, 22 de maio de 2017
I Gusti Ayu Oka Suryawardani

PARTE 1
Capítulo 1

INTRODUÇÃO

1. Antecedentes

O turismo em Bali tem sido orgulhosamente conhecido como a principal fonte de rendimento em Bali, o que melhorou o nível de vida e a prosperidade do povo balinês. Dado que a economia de Bali se desenvolveu principalmente através do turismo, o desenvolvimento do sector do turismo em Bali resultou numa mudança económica do sector agrícola para o sector dos serviços. A contribuição do sector agrícola para o Produto Interno Bruto (PIB) de Bali diminuiu drasticamente de 61,21% em 1969 para 16,82% em 2015, enquanto a contribuição do sector dos serviços (comércio, hotéis e restaurantes) aumentou de 9,52% em 1969 para 29,81% em 2015. Entretanto, a contribuição do sector industrial (como a indústria de artesanato, etc.) flutuou, mas mostrou uma tendência ascendente, crescendo de 1,67% em 1969 para 9,97% em 2015, Bali Statistics Office, 2016). Apesar de a contribuição do sector agrícola ter diminuído, este continua a ter um papel crucial na economia de Bali. Este papel inclui as suas funções como: (i) uma fonte de emprego e rendimentos; (ii) um fornecedor de matérias-primas para a agroindústria; (iii) um ganhador de divisas com a exportação de vários produtos agrícolas como a baunilha, o cacau, as algas e o atum; (iv) um elemento nas práticas de conservação dos recursos naturais; e (v) uma atração turística para os visitantes interessados em práticas agrícolas tradicionais (Antara, 1999 e Wiranatha, 2001).

O turismo em Bali desenvolveu-se significativamente. Este facto pode ser constatado pelo número crescente de visitantes e de instalações turísticas. O número de chegadas diretas de turistas estrangeiros a Bali aumentou drasticamente de 23.340 em 1970 para 1.412.839 em 2000. No entanto, o primeiro atentado bombista em Bali, em 12 de outubro de 2002, provocou uma grave quebra no turismo de Bali, o que resultou num declínio do número de chegadas diretas de turistas estrangeiros, que desceu para 993 029 em 2003 (ver Figura 2). Foram envidados esforços para persuadir os turistas estrangeiros a visitarem Bali através de um programa denominado "Bali para o Mundo", levado a cabo pelo Ministério da Cultura e do Turismo da República da Indonésia. Verifica-se que as chegadas diretas de turistas estrangeiros aumentaram ligeiramente após a tragédia, ou seja, para 1.458.309 turistas em 2004. No entanto, o segundo atentado à bomba em Bali, em 2005, também levou a uma queda no número de chegadas diretas de turistas estrangeiros, que desceu para 1.260.317 em 2006. As bombas de Bali tiveram o maior impacto nos turistas internacionais que visitaram Bali, se comparadas com outras crises na história do turismo em Bali (Putra e Hitchcock, 2006). Após a tragédia do segundo atentado bombista em Bali, o governo envidou esforços para persuadir os turistas estrangeiros a visitar Bali. Este programa, denominado "Programa de Recuperação de Bali", foi empreendido em 2006 através da colaboração entre o Ministério da Cultura e do Turismo e o Conselho de Turismo de Bali. Nos anos seguintes, registou-se um aumento gradual das chegadas diretas de turistas estrangeiros e, em 2012, o número atingiu cerca de 2.892.019. Em 2015, o número de chegadas diretas de turistas estrangeiros a Bali tinha atingido cerca de 4 001 835 (Gabinete de Turismo do Governo de Bali, 2016). Durante o período de 2007 a 2015, a taxa média de crescimento das chegadas diretas de turistas estrangeiros a Bali foi de 15% ao ano, enquanto que de 2015 a 2016 a taxa média de crescimento foi de 20% ao ano (Gabinete de Turismo do Governo de Bali, 2016). A evolução das chegadas diretas de turistas estrangeiros a Bali entre 1970-2016 é apresentada na Figura 1.

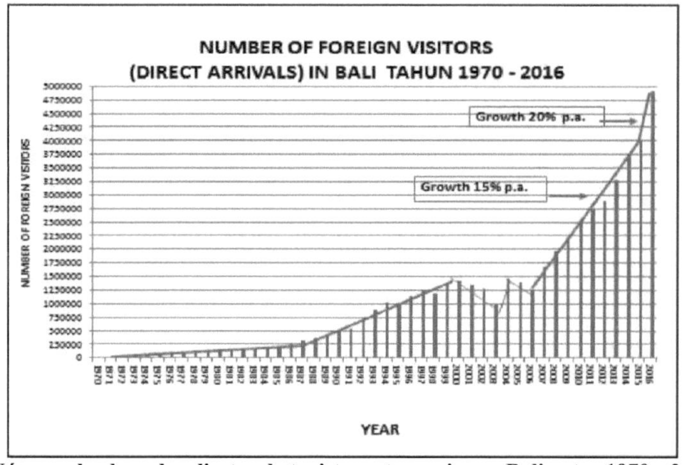

Figura 1. Número de chegadas diretas de turistas estrangeiros a Bali entre 1970 e 2016 (Fonte: Gabinete de Turismo do Governo de Bali, 2017)

Também é referido que o número de alojamentos em Bali em 2017 é de 3 894 unidades ou 78 165 quartos, que consistem em (i) 217 unidades de hotéis com classificação de estrelas ou 29 563 quartos, (ii) 1 460 unidades de hotéis sem classificação de estrelas ou 39 402 quartos, e (iii) 2 217 unidades de estadias em casa ou 9 200 quartos disponíveis (Gabinete de Turismo do Governo de Bali, 2017). Para além disso, a despesa média dos turistas e a duração da estadia também aumentaram durante este período. O gasto médio dos turistas estrangeiros por pessoa e por dia aumentou de US$ 137,90 em 2009 para US$ 158,87 em 2015. A duração da estadia dos turistas estrangeiros também aumentou de 8,75 dias em 2009 para 9,27 dias em

2015 (Gabinete de Turismo do Governo de Bali, 2017). Tendo em conta este crescimento constante do número de turistas, da despesa média dos turistas e da duração da estadia, parece que o turismo em Bali continuará a ser uma fonte promissora de rendimento familiar para os habitantes de Bali e contribuirá para a taxa de câmbio nacional, bem como para aumentar o número de oportunidades de emprego.

O turismo estimula o desenvolvimento de outros sectores, o que tem implicações no aumento das oportunidades de negócio e de emprego. Fridgen (1996: 157) afirma que as receitas provenientes dos turistas tornar-se-ão uma importante fonte de receitas públicas, de compras locais, de rendimentos locais e de fugas de importações. O montante do rendimento local gerado por unidade de despesa do visitante tornar-se-á um multiplicador para a economia de Bali através de ligações para trás e para a frente. Os dados do Instituto de Estatística de Bali (2016) mostram que o efeito multiplicador mais baixo do subsector da hotelaria e restauração foi contribuído pelos sectores agrícola e industrial. A ligação para trás do turismo de Bali foi a segunda mais elevada depois da do sector industrial, com 1,71, e a ligação para a frente foi a mais elevada, com 1,87. Uma ligação para trás de 1,71 significa que cada dólar de despesa turística gera 1,71 dólares de rendimento local através da ligação para trás, ou seja, o impacto nas indústrias relacionadas. Nesta situação, os produtos das indústrias conexas (como os produtos agrícolas, os produtos da pesca, os produtos da pecuária, o artesanato, etc.) são utilizados como factores de produção pela indústria do turismo para satisfazer a procura dos turistas. Assim, cada dólar de despesa turística gerará 1,71 dólares de rendimento para estas outras indústrias relacionadas. Por sua vez, a ligação para a frente de 1,87 significa que cada dólar de despesas turísticas gerará 1,87 dólares de rendimento local através da ligação para a frente, ou seja, outras indústrias que utilizam a produção das indústrias do turismo como entrada para as suas indústrias. Isto significa que a produção da indústria do turismo é fornecida a outras indústrias. Por exemplo, o alojamento no sector do turismo é utilizado como matéria-prima pelas agências de viagens. As agências de viagens oferecem alojamento aos turistas com o objetivo de obter lucros. Nesta situação, uma ligação direta de 1,87 significa que cada dólar de despesas turísticas gera 1,87 dólares de receitas para as agências de viagens. De acordo com Mill e Morison (2009), se a produção da ligação para trás for fornecida à indústria do turismo a partir de produtos importados, então o rendimento gerado pelo turismo sairá do país. Do mesmo modo, se as indústrias que utilizam a produção do turismo como fator de produção pertencerem a estrangeiros, então o rendimento do turismo também sairá do país.

Embora o turismo tenha trazido desenvolvimento para a economia de Bali durante muitos anos, os impactos económicos do desenvolvimento do turismo não foram totalmente benéficos para a comunidade balinesa (Dewi, 2009; Dermawan citado em Wiranatha, 2001). Isto pode dever-se a várias razões, como a distribuição desigual dos rendimentos e a distribuição económica desequilibrada. A distribuição do rendimento em Bali tende a ser desigual, com o declínio do sector agrícola, que ainda emprega uma proporção significativa da força de trabalho (Dermawan, 1999 citado em Wiranatha, 2001). Este facto pode ser ilustrado pelo indicador de distribuição do rendimento conhecido como "Coeficiente de Gini". O coeficiente de Gini é uma medida da desigualdade de uma distribuição. É definido como um rácio com valores entre 0 e 1. Zero corresponde a uma perfeita igualdade de rendimento (ou seja, todos têm o mesmo rendimento) e 1 corresponde a uma perfeita desigualdade de rendimento (ou seja, uma pessoa tem todo o rendimento, enquanto todas as outras têm rendimento zero). Quanto maior for o coeficiente de Gini, maior é a desigualdade na distribuição do rendimento entre as pessoas com rendimentos baixos, médios e elevados. O coeficiente de Gini para Bali flutuou de 0,29 em 1997 para 0,34 em 2015 (Bali Statistical Office, 2017). Isto mostra que a distribuição do rendimento tem vindo a tornar-se mais desequilibrada ao longo destes 19 anos (ver Figura 2). Por conseguinte, é provável que a eliminação da desigualdade na distribuição do rendimento se torne uma das principais prioridades do desenvolvimento económico de Bali.

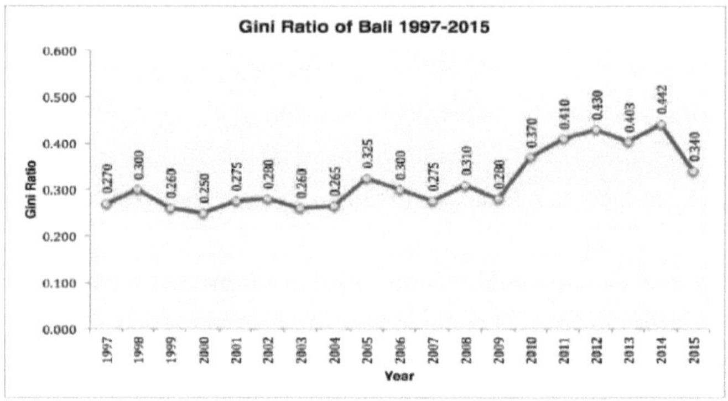

Figura 2. Rácio de Gini de Bali 1997-2015 (Fonte: Gabinete Central de Estatística de Bali, 2017)

A distribuição económica desequilibrada também é considerada um problema na contribuição económica do turismo. De acordo com Bull (1991), Hudman e Hawkins (1989), Lundberg *et al.* (1991) e Fridgen (1996), uma das causas da distribuição económica desequilibrada é a fuga. Segundo estes autores, as fugas ocorrem quando um sector importa tanto o consumo como os recursos de outros países para apoiar o seu crescimento. Bull (1991) e Lundberg *et al.* (1991) acrescentam que, em termos económicos, as fugas podem ser definidas como perdas do fluxo de rendimento nacional que foram geradas durante a transição do ciclo de rendimento do consumo local/nacional para a cadeia de despesa.

Além disso, Harrison (1992) salienta que a importação pode ser vista como uma fuga que limita o impacto positivo das despesas num destino. Em termos de desenvolvimento do sector do turismo em Bali, as instalações turísticas, tais como os grandes alojamentos e as grandes agências de viagens, são na sua maioria propriedade de investidores de fora de Bali (investidores nacionais ou internacionais). Por conseguinte, o sector do turismo em Bali parece ser mais benéfico para os investidores e para o seu pequeno número de empregados, uma vez que a maior parte das despesas dos turistas é com alojamento, alimentação e bebidas e transportes turísticos. Nestes casos, é provável que o benefício económico do turismo se dirija principalmente para fora de Bali ou para outros países, com uma pequena parte a chegar à comunidade balinesa local (Dermawan, 1999 citado em Wiranatha, 2001). A conta do Resto do Mundo da província de Bali em 2010 revela um défice de cerca de 879,74 mil milhões de rupias (Bali Statistical Office, 2017).

Esta distribuição económica desequilibrada, tal como demonstrado pelo coeficiente de Gini de 0,34 em 2015 (ver Figura 2), significa que o objetivo do desenvolvimento sustentável do turismo não foi alcançado, uma vez que os benefícios económicos do turismo não foram recebidos pela comunidade de acolhimento de forma justa. Uma vez que as fugas são um dos factores que causam uma distribuição económica desequilibrada dos benefícios do turismo para a comunidade local, é necessário determinar a quantidade atual de fugas que ocorrem no turismo de Bali.

Um estudo de Rodenburg (1980) é a única referência sobre a fuga de importações do turismo em Bali. A fuga de importações foi estimada em cerca de 40% para os hotéis de categoria internacional e em 20% para os hotéis de categoria económica. A fuga de importações dos hotéis de categoria internacional foi estimada a partir do Projeto Nusa Dua em 1977, mas a dos hotéis de categoria económica pequena foi estimada com base em suposições. Ainda não houve qualquer investigação sobre a fuga de turistas no sector do alojamento turístico que tenha utilizado uma análise combinada do nível micro (industrial) e do nível macro (regional). Neste estudo, a análise centrou-se na análise micro (provincial), especialmente no sector do alojamento, porque a percentagem mais elevada das despesas dos turistas estrangeiros em Bali é com o alojamento, ou seja, 40,5% (Bali Government Tourism Office, 2016). Parece que as fugas no turismo de Bali também são significativas, estimando-se que uma parte das despesas turísticas se desloque para fora de Bali. Por exemplo, lucros substanciais foram transferidos para o estrangeiro ou para regiões fora de Bali, porque muitos dos proprietários de alojamentos turísticos são estrangeiros ou indonésios que vivem fora de Bali.

No livro anterior, o cálculo das fugas turísticas foi efectuado com base na análise macro (nível provincial). Neste livro, será explicada claramente a análise profunda baseada no **nível micro (industrial)**. Espera-se que os resultados desta investigação sejam úteis, pois conduzem a uma melhor compreensão, consciencialização e responsabilidade e obtêm respostas positivas do governo e das partes interessadas que podem melhorar os impactos económicos do turismo, a fim de alcançar um turismo sustentável em Bali.

Com base nas questões relacionadas com os benefícios económicos do turismo para a economia de Bali, tal como acima descritas, podem ser formulados os seguintes problemas

1) Qual é a quantidade de fugas de turismo do sector do alojamento de Bali ao **nível micro (industrial)**?

2) Quais são as fontes de fuga de turistas para o alojamento em Bali?

3) Quais são os pontos de vista dos gestores hoteleiros em relação aos produtos importados e locais?

   produtos e até que ponto estão dispostos a reduzir a utilização de produtos importados e a dar prioridade aos produtos locais?

2. Objectivos do estudo

1) Calcular o montante da fuga de turistas do sector do alojamento em Bali a **nível micro (industrial)**.

2) Descobrir as fontes de fuga de turistas do sector do alojamento em Bali

3) Avaliar os pontos de vista dos gestores hoteleiros relativamente aos produtos importados e locais, bem como a sua vontade de reduzir a utilização de produtos importados e dar prioridade aos produtos locais.

3. Benefícios do estudo

Este estudo é benéfico tanto em termos de teoria como de prática. Teoricamente, melhora o conhecimento relacionado com as abordagens de investigação, os conceitos e os métodos de estimativa da fuga de turistas, especialmente no sector do alojamento. Do ponto de vista prático, os resultados da investigação podem ser utilizados pelos decisores políticos para formular políticas regionais e gerar estratégias, bem como para controlar a expansão da indústria do turismo, a fim de melhorar o desenvolvimento económico regional através do aumento das oportunidades de emprego, da compreensão e da sensibilização para as causas das fugas e da minimização das fugas turísticas através de uma abordagem sistémica, a fim de melhorar os benefícios económicos para a comunidade balinesa.

PARTE 2

Capítulo 2

CONCEITO

1. Fugas no sector do turismo

As fugas são há muito conhecidas como um dos impactos económicos negativos do turismo (Bull, 1991; Hudman e Hawkins, 1989; Lundberg, *et. al.*, 1991; e Mill e Morrison, 2009), que ocorre quando a indústria importa tanto o consumo como os recursos de outros países para apoiar o crescimento da sua própria indústria. Em termos económicos, a fuga pode ser definida como perdas do fluxo de rendimento nacional que foram geradas durante a transição do ciclo de rendimento do consumo local/nacional para a cadeia de despesa (Bull, 1991). O PNUA (2010) afirma que o rendimento direto do turismo para uma área de destino é o montante das despesas turísticas que permanece localmente após o pagamento de impostos, lucros e salários fora da área e após a compra de importações.

Entretanto, Hudman e Hawkins (1989) definem a fuga como: (i) importação de bens e serviços para consumo ou investimento no turismo; (ii) pagamentos a operadores e agências de turismo estrangeiras; (iii) pagamento a estrangeiros por contratos de gestão e royalties; (iv) lucros que são pagos a intervenientes estrangeiros; (v) juros pagos por créditos externos no sector do turismo; (vi) custos de câmbio para investimento no turismo; (vii) despesas de publicidade em marketing e promoção internacional; (viii) comissões pagas a bancos estrangeiros, empresas de cartões de crédito e agências utilizadas por turistas; (ix) poupanças de trabalhadores estrangeiros; (x) custos de educação e formação no estrangeiro de trabalhadores do sector do turismo; (xi) poupanças de empregadores, trabalhadores e empresários; e (xii) impostos pagos ao governo. Existem ainda outras fugas "invisíveis", como os efeitos físicos do turismo, o empobrecimento ou a destruição das infra-estruturas, dos habitats naturais, do ambiente e do património histórico e cultural de um país, que têm todos um efeito de fuga nas receitas do turismo (Smith e Jenner, 1992).

Mill e Morrison (2009) também defendem argumentos semelhantes. A medida em que um destino pode minimizar as fugas determinará a dimensão das receitas em divisas. Os autores afirmam que as fugas ocorrem devido a pelo menos seis factores:

1) Em primeiro lugar, os bens e serviços importados que devem ser adquiridos para satisfazer as necessidades dos visitantes. Os custos dos alimentos importados devem ser deduzidos das receitas. As indústrias locais de manufatura ou artesanato

podem também importar parte das suas matérias-primas para produzir bens para os visitantes. Este é também um custo que tem de ser subtraído das receitas em divisas provenientes da venda de lembranças e da venda de outros produtos locais.

2) Em segundo lugar, bens e materiais importados para infra-estruturas e edifícios necessários ao desenvolvimento do turismo. A utilização de materiais autóctones do destino anfitrião não só reduz os custos de importação, como também confere um aspeto distintivo à arquitetura local e aos interiores dos edifícios.

3) Em terceiro lugar, os pagamentos a factores de produção estrangeiros. As comissões têm de ser pagas aos operadores turísticos e agentes de viagens estrangeiros. Se o capital estrangeiro for investido no turismo do país, os pagamentos de juros, as rendas e os lucros podem ter de ser pagos a estrangeiros. O nível de propriedade e de controlo locais é crucial neste contexto. As cadeias de hotéis detidas por estrangeiros são frequentemente dotadas de pessoal, alimentos, mobiliário, acessórios e equipamento provenientes do país de origem.

4) Em quarto lugar, as despesas de promoção, relações públicas/publicidade e serviços similares efectuados no estrangeiro. O custo de manter um Gabinete Nacional de Turismo (GNT) num país estrangeiro pode ser substancial e deve ser comparado com as receitas em divisas provenientes desse país.

5) Em quinto lugar, há várias formas de os preços de transferência reduzirem as receitas em divisas. Se os visitantes efectuarem compras no país de origem para serviços a prestar no destino, os pagamentos relativos a esses serviços terão de ser transferidos, incorrendo assim em taxas de transferência. Se uma empresa de turismo for multinacional, os pagamentos podem ser registados no país de origem do visitante e não no país de destino, reduzindo assim os lucros e os impostos no país de destino. Além disso, as compras efectuadas por um hotel de propriedade estrangeira no país de acolhimento podem ser feitas a uma filial estrangeira a taxas inflacionadas para reduzir o rendimento tributável no país de destino. A utilização de cartões de crédito e de cheques de viagem significa que os bancos locais não podem participar na taxa de câmbio.

6) Em sexto lugar, as receitas em divisas diminuirão quando o conteúdo das importações para o turismo for muito elevado, especialmente para os pequenos países e as nações insulares. Alguns pequenos países insulares podem ter um conteúdo de importação para o turismo superior a 50 por cento.

Um estudo efectuado por Lejarraga e Walkenhorst (2010) concluiu que os países devem procurar maximizar as ligações e minimizar as **fugas** da economia do turismo, uma vez que a maximização das ligações conduziria a muitos benefícios. Além disso, a minimização das fugas implicaria que a economia do turismo se tornaria autossuficiente para satisfazer as necessidades dos visitantes.

Unluonen, *et. al.* (2011) descobriram que a proporção de fugas de receitas do turismo em 1996 na Turquia era de cerca de 38,5%, a proporção de fugas de importações nas receitas do turismo internacional era de 10,3% e a proporção de fugas atrasadas nas receitas do turismo internacional era de 28,2%. A poupança atrasa a transformação de novos valores económicos em investimento. Além disso, concordam que, embora os impostos diminuam o impacto económico dos novos dólares, estes podem ser gastos mais tarde. Por último, salientaram que, quando se comparam as poupanças e os impostos, os factores de produção importados são as rubricas de fuga mais importantes, porque as importações incluem despesas que saem da economia local ou nacional.

O PNUA também comunicou uma estimativa das fugas do turismo. Na Tailândia, a fuga de turistas foi estimada em cerca de 70%. Isto significa que grande parte do dinheiro gasto pelos turistas acabou por sair da Tailândia através de operadores turísticos, companhias aéreas, hotéis, bebidas e alimentos importados, etc., propriedade de estrangeiros. As estimativas relativas a outros países do terceiro mundo variam entre 80% nas Caraíbas e 40% na Índia. A fuga média relacionada com a importação para a maioria dos países em desenvolvimento situava-se entre 40% e 50% das receitas brutas do turismo para as pequenas economias e entre 10% e 20% para as economias mais avançadas e diversificadas (citado no PNUA), (http://www.unep.fr/scp/ tourism/sustain/impacts/economic/ne gative.htm).

A OMT (2011) estimou que, em média, 55% das receitas brutas do turismo recebidas pelos países em desenvolvimento se evadem, mas, nalguns casos, as fugas chegam a atingir 90%. Segundo Ryan (1991), apenas um terço das receitas totais do turismo de 3,3 mil milhões de dólares nos países das Caraíbas em 1979 permaneceu na região. Na ilha de Santa Lúcia, nas Caraíbas, 58% dos alimentos e 82% da carne consumidos pelos turistas eram importados. Nas Ilhas Fiji, apenas 20% das receitas turísticas foram retidas na sua economia no mesmo ano. Entretanto, Dwyer e Forsyth (1994) estimaram que as receitas brutas de um pacote turístico que revertem a favor dos proprietários estrangeiros de instalações na Austrália representavam cerca de 44% do total das despesas turísticas.

De acordo com Meyer (2007), as fugas tendem a ser mais elevadas quando a economia local do destino é fraca e carece da quantidade e da qualidade dos factores de produção exigidos pela indústria do turismo. Segundo ele, a tendência predominante em muitos países em desenvolvimento é a de depender fortemente das importações.

Por conseguinte, foram feitas tentativas para reduzir as fugas através do desenvolvimento de ligações mais fortes entre o turismo e outros sectores da economia local. Acrescentou ainda que a política governamental deve concentrar-se no reforço das ligações económicas entre o turismo e a agricultura para apoiar a substituição das importações.

Embora se argumente que a indústria do turismo está bem posicionada para criar um elevado impacto económico direto, indireto e induzido, vários autores referiram que os efeitos multiplicadores do turismo são muitas vezes consideravelmente inferiores ao esperado devido aos elevados custos de investimento (uma elevada dependência de capital estrangeiro, competências e pessoal de gestão, bem como de importações) (Pavaskar, 1987). Karagiannes (2004), citado em Meyer (2007), apoia este argumento de que o conteúdo de importação e a dimensão dos multiplicadores do turismo estão inversamente relacionados, pelo que os países com uma elevada taxa de fuga tendem a acabar por ter multiplicadores pequenos e efeitos relativamente insignificantes das despesas turísticas. Segundo ele, há várias razões para este facto. Em primeiro lugar, as pequenas economias, em particular os pequenos Estados insulares em desenvolvimento, tendem a depender fortemente das importações, porque não têm capacidade para produzir os bens e serviços necessários para satisfazer a procura do sector. Os Estados maiores, por outro lado, que não enfrentam frequentemente estas limitações de recursos, podem desenvolver ligações intersectoriais mais fortes entre o turismo e o resto da economia nacional. Em segundo lugar, muitos países em desenvolvimento que não têm indústrias nacionais bem desenvolvidas, desenvolvem ligações inter-sectoriais mais fortes dentro da economia, o que fornece a plataforma para a distribuição eficiente de bens e serviços, e permite que as indústrias nacionais tentem competir com sucesso com os seus parceiros comerciais no exterior (Karagiannes, 2004 citado em Meyer, 2007).

Lundberg, et. al. (1991) concluíram que as fugas para fora da economia do destino dependem em grande parte da forma como as receitas turísticas são reutilizadas na economia. Quanto mais receitas forem reutilizadas na economia local, menor será a fuga e maior será o multiplicador. Para os países em desenvolvimento na sua fase inicial de desenvolvimento do turismo, é indispensável o apoio financeiro, estrutural e operacional de países estrangeiros. Por conseguinte, a fuga de turistas é inevitável. O rápido desenvolvimento do turismo num país em desenvolvimento é frequentemente acompanhado por um aumento drástico das fugas.

Davidson (1993) define a fuga de turistas como os lucros do turismo drenados da economia local para outros países. Na realidade, os lucros do turismo raramente são mantidos numa economia local durante mais de um ano. Se forem depositados em bancos locais como poupanças, serão rapidamente emprestados a outros utilizadores ou investidores e voltarão a circular na economia. Além disso, define uma gama mais alargada de fugas do turismo, apontando quatro formas comuns de fugas:

(i) Os materiais de construção das infra-estruturas turísticas são importados de outros países;

(ii) Os lucros da atividade turística revertem para o estrangeiro, para os proprietários das instalações turísticas;

(iii) Importação de alimentos, bebidas e produtos manufacturados para satisfazer a procura dos turistas inflexíveis; e

(iv) Salários pagos a trabalhadores estrangeiros e não gastos na economia local.

A definição de fuga para o turismo proposta por Davidson (1993) implica que a fuga para o turismo está associada a três tipos de actividades no desenvolvimento do turismo: (i) Atividade de financiamento, como os lucros obtidos pelos proprietários estrangeiros e repatriados para países estrangeiros; (ii) Atividade de construção, como as importações de materiais de construção para a construção de infra-estruturas turísticas; e (iii) Atividade operacional, como as importações de alimentos, bebidas e mão de obra estrangeira para facilitar as transacções turísticas. Com base nas actividades envolvidas no turismo internacional, a fuga de turistas pode ser classificada em três categorias (Davidson, 1993):

(i) Fuga estrutural que ocorre devido à importação de materiais e tecnologias de construção para a criação de infra-estruturas turísticas.

(ii) Fuga operacional causada pela importação de bens, serviços e competências de gestão estrangeiros necessários para o funcionamento quotidiano da indústria do turismo. Note-se que grande parte das receitas do turismo sai dos países em desenvolvimento sob a forma de importações e salários de trabalhadores estrangeiros qualificados que ocupam cargos de gestão e técnicos na indústria.

(iii) Fuga financeira. Trata-se do retorno para os fornecedores de capital estrangeiro sob a forma de lucros, dividendos e juros repatriados para os países de origem do capital. Os fornecedores de capital estrangeiro podem ser proprietários de empresas turísticas, parceiros, acionistas e credores.

Harrison (1992) concorda com a conclusão de Davidson de que a fuga financeira se refere à repatriação de lucros como fuga de capitais. O impacto da fuga financeira num país em desenvolvimento pode ser maior do que o das outras duas categorias de fuga. As fugas estruturais e operacionais podem ser de curto prazo se as importações forem de produtos de base estrangeiros. Em contrapartida, a fuga financeira pode ter um impacto duradouro na economia local, porque os rendimentos dos fornecedores de capital estrangeiro são repetitivos a intervalos constantes - mensais, trimestrais ou anuais - e durante muito mais tempo. Se o capital estrangeiro for fornecido sob a forma de financiamento de capital próprio, a fuga pode ser permanente. O montante das fugas do turismo financeiro pode ser significativo.

2. Minimizar as fugas para otimizar os benefícios turísticos

É de importância crucial reduzir as fugas para aumentar os benefícios económicos do turismo num destino, porque as fugas levam a uma diminuição dos efeitos multiplicadores do turismo, como Unluonen, *et. al.* (2011) afirmam da seguinte forma:

"... A fuga de fundos é considerada uma das causas do desequilíbrio económico

e a limitar os impactos positivos das despesas dos turistas num destino. O aumento da fuga resulta na diminuição dos efeitos multiplicadores que reflectem o montante de rendimento gerado por uma unidade de despesa turística e mostram a capacidade da indústria do turismo para criar rendimento. O sucesso na minimização da fuga aumentará o desenvolvimento económico de um destino..." (Unluonen, *et. al.*, 2011)

Além disso, Dwyer e Forsyth (1994) afirmam que um multiplicador turístico é um rácio que mede os efeitos triplos das despesas turísticas na economia local. Um multiplicador mais elevado sugere um maior impacto de aumento das despesas turísticas na economia local. Bull (1991) observou multiplicadores turísticos que variam entre 2,5 (no Canadá) e 0,8 (nas Bahamas). O autor constatou que as grandes economias diversificadas tendem a ter grandes multiplicadores, enquanto os países em desenvolvimento e os pequenos Estados insulares tendem a ter multiplicadores mais pequenos devido a fugas consideráveis. Além disso, Kim e Jamal (2007) referiram que os multiplicadores do rendimento do turismo eram de 1,96 (na Turquia) e 0,39 (na Samoa Ocidental). A fuga de turistas enfraquece o multiplicador do turismo. Lundberg, *et. al.* (1991) também afirmaram um ponto de vista semelhante, ou seja, que uma diminuição do multiplicador leva a uma diminuição do benefício do turismo no desenvolvimento económico.

Para obter benefícios económicos do turismo, de acordo com um estudo realizado por Zheng (2011), o desenvolvimento turístico bem-sucedido minimizou três tipos de fugas turísticas, nomeadamente fugas financeiras, estruturais e operacionais. Entretanto, um estudo realizado por Lacher e Nepal (2010) concluiu que a diversidade dos níveis de fuga em três aldeias diferentes indicava que, utilizando estratégias adequadas, as aldeias podem reduzir a fuga económica, aumentar o desenvolvimento económico local, distribuir as receitas do turismo por toda a região e transformar mais residentes locais em partes interessadas na indústria do turismo. Lacher e Nepal (2010) afirmam que:

> *"... as fugas podem ser reduzidas de várias maneiras diferentes e as aldeias que tentam implementar uma estratégia devem concentrar-se na criação de uma estratégia que se adapte às suas condições únicas ..."* (Lacher e Nepal, 2010:94).

Além disso, Lacher e Nepal (2010) também concluíram que, ao utilizar estratégias precisas baseadas na autenticidade de um destino, é possível reduzir a fuga económica, melhorar o desenvolvimento económico, equilibrar a distribuição em todos os sectores e melhorar a participação da comunidade no desenvolvimento do turismo. Um argumento semelhante é apresentado por Ashley, *et. al.* (2006), conforme citado abaixo:

> *"Tornar o turismo mais adequado pode criar uma ligação mais forte com a economia local, aumentando o potencial de desenvolvimento local, nomeadamente comprando diretamente às empresas locais, recrutando e formando pessoal local não qualificado e semi-qualificado, estabelecendo parcerias de vizinhança para tornar o ambiente social local um lugar melhor para viver, trabalhar e visitar para todos, bem como a capacidade de melhorar o ambiente natural local nas suas áreas de influência direta e indireta."* (Ashley, *et. al.*, 2006:421).

Mill e Morrison (2009) também sugerem estratégias para minimizar as fugas, como se segue:

1) Incentivar a utilização de produtos locais em substituição dos produtos importados. A razão pela qual os produtos importados entram num destino é a incapacidade desse destino de produzir produtos que satisfaçam o padrão de qualidade exigido pelos turistas. O papel do governo é importante para encorajar a utilização de produtos locais, enquanto a investigação e o desenvolvimento são necessários para melhorar a qualidade dos produtos.

2) Aumentar os resultados das exportações na indústria primária

   Isto é crucial, especialmente para indústrias como a produção de arte e artesanato. Pode ser feito através de subsídios, por exemplo, concedendo empréstimos especiais com juros baixos ao artesão.

3) Implementar um programa de incentivo ao desenvolvimento de infra-estruturas que utilizem conceitos arquitectónicos tradicionais e encorajar a utilização de bens e materiais locais e indígenas.

4) Realizar negociações eficazes e eficientes com empresas multinacionais que lidam com agências de viagens e operadores turísticos.

5) Reduzir a utilização de alimentos, bens e materiais importados e incentivar os turistas a apreciarem as caraterísticas tradicionais e únicas de um destino, incluindo os seus alimentos e bebidas, a sua arquitetura e o seu design de interiores.

6) Incentivar o turismo cultural para que os turistas se desloquem a um destino com o objetivo de compreender os seus conceitos culturais autênticos.

7) Promover a valorização dos produtos locais.

A utilização efectiva dos trabalhadores locais reduzirá certamente as fugas, afirmam Hemmati e Koehler (2000, citado em Zheng, 2011). Observam também que as capacidades dos trabalhadores locais são geralmente baixas em termos de educação, experiência profissional e capacidade de comunicação. Por conseguinte, a indústria do turismo utiliza trabalhadores com formação académica para posições especiais na gestão. A maioria dos trabalhadores no seu estudo eram trabalhadores locais com um nível de experiência de trabalho realmente baixo e que recebiam um salário

Os trabalhadores estrangeiros tinham um salário mais elevado devido à sua melhor formação, experiência profissional e excelente capacidade de comunicação.

3. O conceito de cálculo da fuga de turistas
Unluonen, *et. al.* (2011) Modelo - Análise micro/nível industrial

Unluonen, *et. al.* (2011) desenvolveu um modelo para calcular a fuga de turistas da seguinte forma:

$$L = \sum_{i=1}^{n} L_i$$

onde:

L = fuga total

L_i = os itens de fuga num grupo i.

n = 3, em que L_1 é o grupo de fugas de importação, L_2 é o grupo de fugas atrasadas e L3 é o grupo de fugas invisíveis.

No presente estudo, foi adotado o modelo acima referido, mas não são calculadas a fuga diferida (L_2) e a fuga invisível (L_3). O grupo de fugas de importação (L_1) é a única forma de fuga que é analisada neste estudo, utilizando a seguinte equação:

$$L = \sum_{k=1}^{v} L_{1k}$$

onde:

O número de elementos de fuga à importação (v) foi de 8

e:

L_{11} = Total dos pagamentos relativos à importação de bens e serviços para consumo e investimento efectuados pelo sector do alojamento;

L_{12} = Total de pagamentos de rendimentos transferidos para o estrangeiro, para licenças, transferências de tecnologia, royalties, patentes, etc., no sector do alojamento;

L_{13} = Pagamentos percentuais totais a bancos estrangeiros por operações com cartões de crédito efectuadas por estrangeiros;

L_{14} = Total das poupanças dos trabalhadores estrangeiros do sector do alojamento e do dinheiro que enviam para o estrangeiro;

L_{15} = Pagamentos de juros sobre crédito concedido pelo estrangeiro;

L_{16} = Pagamento total no estrangeiro para a formação de pessoal necessário ao sector do alojamento;

L_{17} = Pagamentos para marketing e promoção internacional pelo sector público;

L_{18} = Pagamentos para marketing e promoção internacional pelo sector do alojamento.

Os pressupostos do modelo de Unluonen, *et. al.* (2011) são os seguintes

(i) Todos os bens e serviços importados relacionados com o turismo são utilizados no país de importação,

(ii) A tendência para a poupança dos expatriados é igual à tendência para a poupança dos cidadãos,

(iii) Independentemente da razão e de quem as realiza, todas as actividades de marketing e promoção contribuem de alguma forma para a procura turística no país, e

(iv) A procura gerada por uma unidade de fator de importação é igual para turistas e residentes.

4. Alojamento em turismo

Hotelaria é o termo geral associado a hotéis e restaurantes. O termo indústria do alojamento refere-se especificamente à indústria do alojamento ou da hotelaria, enquanto a indústria da alimentação e bebidas se refere à indústria da restauração. Estas indústrias englobam uma variedade de instalações e são uma parte dinâmica da indústria global de viagens e turismo. Onde quer que o viajante vá, um lugar para comer e um lugar para ficar são necessidades. A indústria do alojamento representa uma vasta gama de instalações de alojamento, desde estâncias de luxo a modestos estabelecimentos de alojamento e pequeno-almoço. Esta gama de instalações reflecte as diferentes necessidades e preferências dos viajantes e a dinâmica do mercado (OMC, 1997).

Classificação dos alojamentos

O alojamento pode ser classificado em várias categorias, o que ilustra a diversidade do sector. A grande variedade de tipos de quartos e comodidades disponíveis é o reflexo de uma indústria que tem de responder a várias necessidades dos consumidores, incluindo as necessidades sociais e empresariais, do mercado de viagens. Qualquer tentativa de estabelecer um sistema de classificação uniforme enfrenta o problema dos diferentes tipos de alojamento em todo o mundo. Em 1962, a União Internacional das Organizações Oficiais de Viagens, precursora da Organização Mundial do Turismo, tentou estabelecer um sistema de classificação hoteleira uniforme a nível mundial. Foram feitas várias tentativas, mas os obstáculos a um sistema de classificação uniforme incluem variações nas definições, instalações, padrões de serviço, gestão e influências culturais no serviço, que podem diferir drasticamente de país para país (Gee, 1994). Embora muitas das definições utilizadas sejam semelhantes num mercado turístico global, existem diferenças entre países entre as classificações comerciais e oficiais (OMT, 1997).

a. Hotéis

O termo "hotel" assumiu um significado genérico em todo o mundo, aplicando-se a uma vasta gama de tipos de propriedades. Segundo a OMC (1997), não existe uma única forma de classificar os diferentes tipos de hotéis. Nalguns países, a chave para o tipo de estabelecimento baseia-se nas suas comodidades, identificadas pelo descritor que precede a palavra "hotel". Em geral, estes descritores identificam os mercados-alvo que o estabelecimento pretende atrair, tais como hotel de aeroporto, hotel de convenções, hotel comercial, hotel de luxo, hotel económico e hotel de estância.

A OMC (1997) acrescentou que os hotéis diferem em termos de comodidades e de níveis de serviço oferecidos. No nível mais baixo, os motéis económicos tendem a centrar-se nos viajantes conscientes dos custos como o seu mercado-alvo. O objetivo geral destes estabelecimentos é manter os custos baixos e transferir as poupanças operacionais para o cliente. As comodidades limitadas oferecidas variam de cadeia para cadeia, cada uma tentando estabelecer uma relação preço-valor na mente dos consumidores.

b. Propriedades de resort e Time Shares

De acordo com a OMC (1997), as estâncias encontram-se em todo o mundo, onde as pessoas se reúnem para actividades tão diversas como golfe, ténis, spas, esqui ou uma combinação de actividades recreativas semelhantes. Uma vez que o hóspede da estância é normalmente um cliente de estadia mais longa, as estâncias oferecem geralmente mais actividades e comodidades alargadas do que os hotéis urbanos. Embora muitas estâncias sejam destinos de surf e sol, atualmente as estâncias estão a tornar-se mais especializadas (WTO, 1997: 74).

As Time shares, tal como as estâncias turísticas, tendem a estar localizadas em destinos turísticos populares. Os Time shares são basicamente "intervalos entre quartos de hotel" de propriedade individual que permitem ao proprietário aceder a alojamentos geralmente de luxo durante um período de tempo fixo por ano. O atrativo dos alojamentos de time share é que tendem a ser mais ao estilo de apartamento e podem fazer parte de um hotel, estância ou condomínio. O acordo é permanente, a menos que a quota-parte da propriedade seja alienada. Cada vez mais, as propriedades são geridas por empresas de gestão especializadas, incluindo várias grandes organizações internacionais de gestão hoteleira, como a Marriott, a Hilton Hotel Corporation e a Disney (Travel and Tourism Intelligence, 1997 <u>citado em</u> WTO, 1997).

c. <u>O Casino/Propriedades de Destino</u>

O Casino/Destination Properties há muito que é reconhecido como uma propriedade especializada em que o jogo é a atividade central. O conceito tem sido bem conhecido como alojamentos que oferecem casinos, campo de golfe, um parque temático na selva ou outras atracções de entretenimento como parte de um grande complexo turístico. Estas propriedades funcionam, em grande medida, como destinos autónomos que tentam manter os hóspedes, incluindo os membros da família, na propriedade o mais possível. Para o efeito, as estâncias incluem extensas comodidades e, geralmente, alguns tipos de parques temáticos que fazem parte da propriedade. Embora o jogo continue a ser o elemento central, as comodidades alargadas servem para captar mais despesas turísticas de todos os membros da unidade familiar (WTO, 1997).

d. <u>Alojamento e pequeno-almoço</u>

Segundo a OMC (1997), os estabelecimentos de alojamento e pequeno-almoço (B&B) vão desde os alojamentos de luxo aos de tipo económico. A atividade dos B&B torna-se mais organizada com a adesão de muitos dos estabelecimentos aos sistemas de reservas internacionais. Outros estabelecimentos modestos que oferecem pequeno-almoço e, por vezes, refeições ligeiras incluem hotéis e pensões que são frequentemente operações de gestão familiar.

De acordo com a Lei do Turismo da Indonésia, n.º 14/2009, as empresas de alojamento fazem parte do sector do turismo. No artigo no. 14.1 (f), afirma-se que os serviços de alojamento incluem hotéis, villas, motéis, caravanas e qualquer outro tipo de alojamento destinado ao turismo. Neste estudo, os sectores de alojamento em Bali escolhidos para amostragem são classificados em: (i) hotéis sem classificação de estrelas; (ii) hotéis com classificação de 1,2&3 estrelas; (iii) hotéis sem cadeia com classificação de 4&5 estrelas; e (iv) hotéis com cadeia com classificação de 4&5 estrelas.

Capítulo 3

MÉTODO

1. Local e período da investigação

A investigação para a análise micro (nível industrial) foi realizada em quatro destinos turísticos principais na província de Bali, ou seja, Kuta, Nusa Dua, Sanur e Ubud, durante o período de abril a junho de 2013. Os locais para esta investigação foram selecionados propositadamente com base no facto de os destinos acima referidos serem os principais destinos turísticos de Bali.

2. Conceção da amostra

A amostra para esta microanálise (nível industrial) foi concebida para calcular a fuga de turistas do sector do alojamento, bem como para obter os pontos de vista dos gestores hoteleiros relativamente à utilização de produtos importados e locais. O método de amostragem Probabilidade Proporcional à Dimensão (PPS) proposto por Kish (1965: 234) e Yamane (1973) foi aplicado nesta investigação. A Probabilidade Proporcional à Dimensão (PPT) é um processo de amostragem segundo o qual a probabilidade de uma unidade ser selecionada é proporcional à dimensão da unidade final. Todas as unidades da população têm a mesma probabilidade de seleção, independentemente da dimensão do seu agrupamento (Kish, 1965: 234; e Yamane, 1973).

Foram selecionados três grupos de alojamento, nomeadamente: (i) hotéis de 1,2&3 estrelas; (ii) hotéis de 4&5 estrelas, tanto de cadeias como de não cadeias; e (iii) hotéis sem estrelas. A fórmula proposta por Kish (1965: 234) e Yamane (1973) é a seguinte

$$n = \frac{N}{N.\alpha^2 + 1}$$

onde:

n = dimensão da amostra

N = população

a = erro

A população de cada um destes três tipos de hotéis pode ser consultada no quadro 1. Utilizando esta fórmula com erro inferior a 20% (a<0,2), o número de hotéis necessários para a amostra foi calculado em 79 (Tabela 1). De acordo com Sevilla *et. al.* (1993), o grau máximo de erro que pode ser tolerado em ciências sociais é de cerca de 20%.

Quadro 1 Determinação da dimensão da amostra

Não	Aglomerado	População (N)	Tamanho da amostra [n]	Erro [a]	Observações
1.	Hotéis classificados com 1,2 e 3 estrelas	70	21	18%	-
2.	Hotéis com classificação de 4 e 5 estrelas	85	26	17%	12 hotéis da cadeia 14 hotéis não pertencentes a cadeias hoteleiras
3.	Hotéis sem classificação de estrelas	1,563	32	18%	-
	Total	1,718	79	18%	

Fonte: Elaborado para esta pesquisa, com dados do *Bali em Números* 2011.

3. Âmbito do estudo

O âmbito do presente estudo é microeconómico e restringe-se ao sector do alojamento. A investigação primária para medir as fugas foi realizada apenas no sector do alojamento. As despesas dos turistas com o alojamento foram consideradas as mais elevadas em comparação com os outros subsectores do turismo. Cerca de 40,5% das despesas dos turistas estrangeiros e cerca de 35,9% das despesas dos turistas nacionais foram recebidas como pagamento de alojamento (Gabinete de Turismo do Governo de Bali, 2011).

4. Método de análise de dados

Variáveis de microanálise

Basicamente, as variáveis deste estudo consistem em produtos importados, empregados estrangeiros, serviços estrangeiros e rendimentos hoteleiros. Todas as variáveis são descritas de seguida:

1. Os produtos importados foram classificados em alimentos importados, bebidas importadas, equipamentos importados (utensílios) e outros bens e materiais importados relacionados com o design, mobiliário e decoração utilizados no hotel.

2. Empregados estrangeiros é o número de estrangeiros que trabalham no sector do alojamento, bem como os seus salários e vencimentos (pagamento a empregados estrangeiros).

3. Os serviços no estrangeiro incluem quaisquer taxas relacionadas com a exploração

de hotéis no estrangeiro, tais como serviços no estrangeiro e pagamentos de produções estrangeiras, educação no estrangeiro e custos de formação dos empregados do hotel.

Os pormenores das variáveis relacionadas com a causa das fugas utilizadas neste estudo são apresentados no Quadro 2.

Quadro 2 Resumo dos indicadores e variáveis relacionados com a causa das fugas

Não	Indicadores	Variáveis (unidade/ano)
1	Alimentos importados	a. Carne importada (vaca, frango, porco, borrego). b. Pesca importada (peixe, camarão, lagosta, polvo e lula). c. Alimentos transformados importados
2	Bebidas importadas	a. Produtos lácteos importados (leite fresco, iogurte) e sumos. b. Vinho, cerveja e outras bebidas alcoólicas importadas.
3	Frutas e legumes importados	a. Variedades de frutos importados b. Variedades de produtos hortícolas importados
4	Utensílios importados	a. Utensílios domésticos importados (fogões, panelas, frigideiras, batedeiras, liquidificadores, fogões de cozinha, fornos de micro-ondas) b. Pratos, copos, chávenas, talheres e canecas importados.

5	Bens e materiais importados	a. Mobiliário importado (camas, mesas, secretárias, cadeiras, estantes, roupeiros). b. Acessórios de mobiliário importados.
6	Serviços no estrangeiro	a. Promoção e publicidade: Promoção indireta e publicidade através de canais de comunicação social (televisão, radiodifusão) Promoção direta através de visitas a alguns países. b. Relações públicas, pagamentos de publicidade, pagamentos operacionais de estrangeiros
7	Pagamentos para produções estrangeiras.	a. Transferir o pagamento de comissões a agências de viagens e operadores turísticos.
		b. Pagamento de importação. c. Pagamento do imposto governamental sobre bens e serviços importados. d. Custo cambial do investimento turístico. e. Pagamento de juros de créditos externos no sector do turismo.
8	Pagamento para o estrangeiro empregados	a. Número de trabalhadores estrangeiros b. Total de pagamentos a empregados estrangeiros c. Pagamentos de transferências para trabalhadores estrangeiros
9	Poupança para o estrangeiro empregados	a. Montante de dinheiro poupado no estrangeiro

10	Custos de educação no estrangeiro e de formação dos trabalhadores do sector do turismo	a. O número de efectivos formados no estrangeiro b. O pagamento do pessoal de formação no estrangeiro

Fontes: Adotado de Hudman e Hawkin (1989); Lacer e Nepal (2010); Mill e Morrison (2009); Unluonen, *et. al.* (2011); e Zheng (2011).

Outra variável era o rendimento recebido pelos hotéis. O rendimento de um hotel foi definido como o conjunto das receitas recebidas pelo hotel, incluindo as receitas provenientes do pagamento dos quartos, do restaurante do hotel, da lavandaria e de outros serviços prestados pelo hotel.

5. Análise de dados

O método de cálculo da fuga para o turismo foi construído com base no modelo desenvolvido por Unluonen, et. al. (2011), e depois continuou com a realização de uma análise qualitativa descritiva para interpretar os resultados. O programa Excell foi utilizado para calcular a quantidade de fugas. Entretanto, foi efectuada uma análise descritiva para obter os pontos de vista dos gestores hoteleiros em relação aos produtos importados e locais, bem como a sua vontade de reduzir a utilização de produtos importados e dar prioridade aos produtos locais. A análise do cálculo da receita total será explicada mais adiante:

Cálculo da receita total

A receita total de um hotel foi calculada com base na seguinte fórmula:

$$Y = \sum_{i=1}^{3} Y_i$$

$$Y = Y_1 + Y_2 + Y_3$$

onde:

Y = Receita anual de um hotel

Y_1 = Receitas de quartos

Y_2 = Receitas da venda de alimentos e bebidas

Y_3 = Receitas de outras fontes (lavandaria, spa, telefone, Internet, centro de negócios, etc.)

Receitas dos quartos = Noites de quarto vendidas x Tarifa do quarto (rupias/dia)

Noites de quarto vendidas = Taxa de ocupação média (%) x número de quartos x número de dias por ano

Todos os produtos importados acima referidos, os trabalhadores estrangeiros e os serviços estrangeiros, bem como as receitas dos hotéis, são calculados para todos os tipos de alojamento, nomeadamente: (i) hotéis sem classificação de estrelas; (ii) hotéis com classificação de 1, 2 e 3 estrelas; (iii) hotéis sem classificação de 4 e 5 estrelas; e (iv) hotéis com classificação de 4 e 5 estrelas. A percentagem de fuga de turistas de um hotel pode ser calculada como o montante total de produtos e serviços importados dividido pelas receitas totais do hotel, utilizando a equação seguinte.

$$\text{Percentagem de fuga} = \frac{\text{Total Leakage}}{\text{Total Revenue}} \times 100\%$$

6. Instrumentos de investigação

Foi realizado um inquérito para recolher dados e informações dos hotéis. Foram utilizados questionários e entrevistas guiadas durante o inquérito. Questionários abertos

foram também colocadas perguntas para obter as informações necessárias. O inquérito envolveu várias etapas. A primeira etapa consistiu em enviar uma carta aos hotéis da amostra sobre a recolha de dados. A segunda etapa consistiu em entregar o questionário à direção do hotel para ser preenchido. Este inquérito incluía perguntas abertas. A terceira etapa consistiu numa reunião entre o investigador ou o assistente de campo e a direção dos hotéis para verificar se os dados e outras informações eram adequados ou não.

Foi um inquérito difícil e complicado, uma vez que alguns diretores de hotéis se sentiram insatisfeitos porque a maioria dos dados e informações solicitados eram estritamente confidenciais. No entanto, quando o investigador deu garantias de que a identidade do hotel não seria mencionada nos resultados do inquérito, a maioria dos hotéis concordou em participar. No entanto, vários hotéis recusaram-se a fornecer quaisquer dados ou informações, pelo que o investigador continuou a tentar outros hotéis, a fim de atingir o número pretendido para a amostra de hotéis.

7. Limitações da microanálise

A principal limitação do modelo utilizado neste estudo é que a fuga diferida e a fuga invisível foram excluídas devido a dificuldades na obtenção de dados relacionados com a fuga diferida (impostos e poupanças de empresários e trabalhadores) e no cálculo da fuga invisível (impactos negativos físicos do turismo, destruição das infra-estruturas do país, habitats naturais, ambientes e património histórico e cultural). Outra limitação no cálculo da fuga neste estudo é o facto de não ter sido possível obter informações sobre as poupanças dos trabalhadores estrangeiros e a quantidade de dinheiro que enviam para o estrangeiro. Isto deveu-se ao facto de os hotéis não terem conhecimento das poupanças dos trabalhadores estrangeiros, uma vez que este tipo de dados é altamente confidencial e pessoal. Apesar de estas variáveis não terem sido incluídas no modelo, não afectaram significativamente o resultado (a percentagem de fuga de turistas), uma vez que quase todas as despesas primárias dos trabalhadores estrangeiros eram cobertas pela sua empresa, tais como alojamento, transportes e refeições.

PARTE 3
Capítulo 4
RESULTADOS DO CÁLCULO DO PERDÃO DE TURISMO DO ALOJAMENTO (Microanálise/Nível Industrial)

1. Caraterísticas dos hotéis da amostragem

A amostra foi selecionada com base num método de amostragem proporcional ao tamanho (Kish, 1965; Yamane, 1973), envolvendo três grupos de alojamento, nomeadamente: (i) hotéis com classificação de 1,2&3 estrelas, (ii) hotéis com classificação de 4&5 estrelas, quer sejam hotéis de cadeia ou não, e (iii) hotéis sem classificação de estrelas. Foram selecionados aleatoriamente 79 hotéis nos quatro principais destinos turísticos de Bali, nomeadamente: Kuta, Nusa Dua, Sanur e Ubud. A dimensão da amostra foi excedida em relação à dimensão da amostra planeada a fim de reduzir o erro (menos de 20% de erro), ou seja, 21 amostras de hotéis classificados com 1,2&3 estrelas (18% de erro), 12 amostras de hotéis de cadeia classificados com 4&5 estrelas e 14 amostras de hotéis de cadeia não classificados com 4&5 estrelas (17% de erro), e 32 hotéis de hotéis sem classificação de estrelas (18% de erro) (ver Quadro 3).

Quadro 3 Número de hotéis selecionados para a amostra

Não	Aglomerado	População (N)	Tamanho da amostra (n)	Erro [a]	Observações
1.	Hotéis classificados com 1,2 e 3 estrelas	70	21	18%	-
2.	Hotéis com classificação de 4 e 5 estrelas	85	26	17%	12 hotéis da cadeia 14 hotéis não pertencentes a cadeias hoteleiras
3.	Hotéis sem classificação de estrelas	1,563	32	18%	-

Total	1,718	79	18%	

Como se pode ver no quadro 3, todas as dimensões das amostras apresentaram um erro inferior a 20%. Estas dimensões de amostra satisfazem os requisitos do erro máximo aceite, ou seja, 20% (Sevilla et. al., 1993). Os locais de amostragem dos hotéis das cadeias de hotéis de 4&5 estrelas situavam-se maioritariamente na área da BTDC (Bali Tourism Development Corporation), na zona de Nusa Dua, enquanto os hotéis de 4&5 estrelas não pertencentes a cadeias de hotéis se situavam maioritariamente em Sanur e Kuta, e alguns deles em Ubud e na zona de Nusa Dua. Por outro lado, os hotéis com classificação de 1,2 e 3 estrelas e os hotéis sem estrelas estavam espalhados na área de Sanur, Kuta e Ubud. O número médio de quartos, a ocupação dos quartos, a duração da estadia e as tarifas dos quartos dos hotéis da amostra eram os seguintes (ver Quadro 4).

(i) O número médio de quartos

Em média, 77 quartos estavam disponíveis nos hotéis com classificação de 1,2&3 estrelas; cerca de 217 quartos estavam disponíveis nos hotéis de cadeias de 4&5 estrelas; cerca de 140 quartos estavam disponíveis nos hotéis sem cadeias de 4&5 estrelas e cerca de 37 quartos estavam disponíveis nos hotéis sem estrelas.

(ii) A ocupação média dos quartos

A ocupação média dos hotéis classificados com 1,2&3 estrelas foi de 70,7%; a dos hotéis de cadeias de 4&5 estrelas foi de 70,3%; a dos hotéis sem cadeias de 4&5 estrelas foi de 68,3%; e a ocupação média dos hotéis sem estrelas foi de 60,5%.

(iii) A duração média da estadia

A duração média da estadia nos hotéis com classificação de 1,2&3 estrelas foi de 5,0 dias; nos hotéis de cadeias com classificação de 4&5 estrelas foi de 4,2 dias; nos hotéis de cadeias sem classificação de 4&5 estrelas foi de 4,5 dias; e a duração média da estadia nos hotéis sem estrelas foi de 5,5 dias.

(iv) As tarifas médias dos quartos

A tarifa média dos hotéis classificados com 1,2 e 3 estrelas foi de 590 000 rupias/quarto/noite; a dos hotéis de cadeias de 4 e 5 estrelas foi de 3 065 000 rupias/quarto/noite; a dos hotéis sem cadeias de 4 e 5 estrelas foi de 1 395 000 rupias/quarto/noite; e a tarifa média dos hotéis sem estrelas foi de 455 000 rupias/quarto/noite.

Tabela 4 Número médio de quartos, ocupação dos quartos, duração da estadia e tarifas dos quartos no ano de 2012

Não	Tipo de hotel	Média			
		Número de quartos	Ocupação de quartos (%)	Duração da estadia (dias)	Preços dos quartos (Rph/quarto/noite)
1.	Hotéis de 1, 2 e 3 estrelas	77	70.7	5.0	590,000
2.	Hotéis de 4 e 5 estrelas • Hotéis da cadeia • Hotéis não pertencentes à cadeia	217 140	70.3 68.3	4.2 4.5	3,065,000 1,395,000
3.	Hotéis sem classificação de estrelas	37	60.5	5.5	455,000

Os proprietários dos hotéis da amostragem eram maioritariamente indonésios, exceto 8,3% dos hotéis da cadeia de 4&5 estrelas que eram propriedade de estrangeiros. Entretanto, os sistemas de gestão dos hotéis da amostra eram os seguintes (i) 60% dos hotéis classificados com 1,2 e 3 estrelas eram geridos por grupos hoteleiros nacionais e 40% eram geridos individualmente; (ii) 100% dos hotéis de cadeias classificadas com 4 e 5 estrelas eram geridos por cadeias hoteleiras internacionais; e 70% dos hotéis de cadeias não classificadas com 4 e 5 estrelas eram geridos por grupos hoteleiros nacionais e 30% eram geridos individualmente; e (iv) 100% dos hotéis sem estrelas eram geridos individualmente (ver Quadro 5).

Tabela 5 Propriedade e sistema de gestão dos hotéis da amostra

Tipo de hotel	Propriedade do hotel		Sistema de gestão		
	Indonésio (%)	Estrangeiros (%)	Cadeia internacional (%)	Grupo Hoteleiro Nacional (%)	Individual (%)

Hotéis de 1, 2 e 3 estrelas	100	-	-	60	40
Classificação 4&5 estrelas hotéis - hotéis de cadeia - hotéis sem cadeia	91.7 100	8.3 -	100 - -	- 70	- 30
Não estrelado hotéis	100	-	-	-	100

Os empregados dos hotéis da amostragem eram maioritariamente indonésios, exceto vários estrangeiros que trabalhavam nos hotéis com classificação de estrelas. As informações pormenorizadas sobre os trabalhadores dos hotéis objeto da amostragem são as seguintes (i) o número médio de empregados em cada hotel com classificação de 1,2&3 estrelas era de 89 indonésios (99,84%) e 0,14 estrangeiros (0,16%); (ii) o número médio de empregados em cada hotel da cadeia com classificação de 4&5 estrelas era de 355 indonésios (98.36%) e 6 estrangeiros (1,64%); em cada hotel de cadeia de 4&5 estrelas, os empregados eram 227 indonésios (99,69%) e 0,71 estrangeiros (0,31%); e (iii) o número médio de empregados em cada hotel de cadeia sem estrelas era de 37 pessoas (100% indonésios) (ver Quadro 6).

Quadro 6 Média de empregados indonésios e estrangeiros dos hotéis da amostra

	Em		Funcionários	
Tipo de hotel	**indonésio**		**Estrangeiro**	
	Pessoas	**(%)**	**Pessoas**	**(%)**
Classificação de 1,2 e 3 estrelas hotéis	89	99.84	0.14	0.16
Classificação 4&5 estrelas hotéis • Hotéis da cadeia • Hotéis não pertencentes à cadeia	355 227	98.36 99.69	6.00 0.71	1.64 0.31

Não estrelado hotéis	37	100	-	-

2. Descrição dos produtos importados utilizados pelos hotéis

A variedade e a quantidade de produtos importados eram diferentes consoante o tipo de hotel (ver quadro 7). Em todos os tipos de hotéis, a maior variedade e quantidade de produtos importados foram comprados por hotéis de cadeia com classificação de 4&5 estrelas. Seguiram-se os hotéis de cadeia com classificação de 4&5 estrelas e os hotéis com classificação de 1,2&3 estrelas. A menor variedade e quantidade de produtos importados foram comprados por hotéis sem estrelas. Os tipos de produtos importados pelos hotéis com classificação de estrelas foram alimentos, bebidas e produtos lácteos, frutas e legumes, e utensílios e equipamentos. Por outro lado, os hotéis sem estrelas importaram apenas alimentos, bebidas e produtos lácteos.

Em termos de alimentos importados, a carne de vaca foi a mais importada por todos os tipos de hotéis de amostragem, seguida do borrego e do salmão. Embora todos os tipos de hotéis com classificação por estrelas importassem carnes, alguns tipos de carnes, como frango, porco e pato, eram fornecidos localmente. Todos os produtos da pesca, como peixe, camarão, lagosta, caranguejo, lula, concha e vieira, também foram fornecidos localmente. Alguns outros géneros alimentícios foram também importados pela maioria dos hotéis com classificação de estrelas, tais como queijo, manteiga, azeite, maionese, massa, esparguete, pasta de tomate, tomate seco, tabasco, origano, espargos, fettuccini, mozzarella, sementes de girassol, aveia, amêndoa, cerejas, feijão berlotti e farinha de tortilha. Os hotéis sem estrelas importaram apenas carne de vaca e de borrego. Vários frutos e legumes foram também importados por todos os hotéis com classificação de estrelas. As frutas e os legumes importados incluíam maçãs, uvas vermelhas e verdes, laranjas, alface, baby romaine e aipo. No entanto, os hotéis sem estrelas não importaram frutas e legumes. Compraram frutas e legumes locais porque os preferiram para servir os seus hóspedes. Os tipos de bebidas alcoólicas importadas em todos os hotéis com classificação de estrelas eram dominados por vinho, licor, tequila, vodka absolut e civas regal. Entretanto, nos hotéis não classificados com estrelas, as bebidas importadas eram dominadas pelo vinho e apenas uma pequena quantidade de outras bebidas alcoólicas. Além disso, os produtos lácteos também foram importados maioritariamente por todos os tipos de hotéis com classificação de estrelas. Além disso, vários tipos de cutelaria, utensílios e outros equipamentos importados foram importados por todos os tipos de hotéis com classificação de estrelas. No entanto, este tipo de produtos não foi importado pelos hotéis sem estrelas.

Quadro 7 Produtos importados nos hotéis da amostra

Tipo de hotéis	Produtos importados			
	Alimentos	Bebidas e produtos lácteos	Frutas e legumes	Utensílios e equipamentos
Hotéis classificados com 1,2 e 3 estrelas	√	√	√	√
Hotéis classificados com 4&5 estrelas				
- Hotéis da cadeia	√	√	√	√
- Hotéis não pertencentes à cadeia	√	√	√	√
Hotéis sem classificação de estrelas	√	√	X	X

A quantidade de produtos importados comprados por todos os tipos de hotéis pode ser vista a partir do montante das despesas de cada tipo de hotel, como se segue (ver Quadro 8):

(i) Hotéis de cadeias com classificação de 4 e 5 estrelas. A média da despesa anual por hotel em alimentação foi de 60.449.912.377 rupias; em bebidas e lacticínios foi de 215.905.143.409 rupias; em frutas e legumes foi de 1.648.298.590 rupias; e em utensílios e equipamentos foi de 1.521.407.622 rupias.

(ii) Hotéis não pertencentes a cadeias de 4&5 estrelas. A média da despesa anual por hotel em alimentos foi de 1.061.941.074 rupias; em bebidas e produtos lácteos foi de 11.824.311.429 rupias; em frutas e legumes foi de 89.472.114 rupias; e em utensílios e equipamentos foi de 54.804.143 rupias.

(iii) Hotéis sem classificação de estrelas. A média da despesa anual por hotel em alimentação foi de 54.960.125 rupias; e em bebidas e lacticínios foi de 287.433.883 rupias.

Quadro 8

Média da despesa anual por hotel com produtos importados pelos hotéis da amostra

Tipo de hotéis	Média da despesa anual por hotel com produtos importados pelos hotéis da amostra (Rph/ano)			
	Alimentos	Bebidas e produtos lácteos	Frutas e legumes	Utensílios e equipamentos
Hotéis com 1,2&3 estrelas	535,273,728	1,011,754,732	97,448,300	161,350,991
Hotéis classificados com 4&5 estrelas				
- Hotéis da cadeia	60,449,912,377	215,905,143,409	1,648,298,590	1,521,407,622
- Hotéis não pertencentes à cadeia	1,061,941,074	11,824,311,429	89,472,114	54,804,143
Hotéis sem classificação de estrelas	54,960,125	287,433,883	-	-

3. Receitas anuais dos hotéis da amostra

As fontes de receitas do hotel incluem: receitas de quartos, alimentos e bebidas e outras receitas. O rendimento dos quartos é o pagamento dos quartos pelos hóspedes. Os rendimentos de alimentos e bebidas são todos os pagamentos de alimentos e bebidas efectuados pelos hóspedes. Outros rendimentos são todos os rendimentos do hotel que foram obtidos através do pagamento de quaisquer actividades no hotel que não o pagamento de quartos, alimentos e bebidas. Os outros rendimentos incluem o pagamento de lavandaria, spa, chamadas telefónicas, Internet, centro de negócios, etc.

As receitas dos hotéis variam consoante o tipo de hotel, o número de quartos disponíveis, a disponibilidade de salas de reuniões ou de eventos e outros serviços prestados no hotel. Em geral, a classificação mais elevada das receitas dos hotéis foi registada nos hotéis das cadeias de 4 e 5 estrelas. Os pormenores relativos às receitas máximas, mínimas e anuais dos hotéis da amostra no ano de 2012 foram descritos da seguinte forma (ver Quadro 9):

(i) A média das receitas anuais dos hotéis classificados com 1,2&3 estrelas foi de 13.181.295.025 rupias, com a receita máxima de 50.709.091.727 rupias e a receita mínima de 2.495.755.755 rupias.

(ii) A média das receitas anuais dos hotéis das cadeias de 4 e 5 estrelas foi de 170.119.419.556 rupias, com a receita máxima de 460.031.335.082 rupias e a receita mínima de 30.222.865.050 rupias.

(iii) A média da receita anual dos hotéis de 4&5 estrelas não pertencentes a cadeias foi de 74.643.178.071 rupias, com a receita máxima de 317.696.767.042 rupias e a receita mínima de 2.479.079.750 rupias.

(iv) A média da receita anual dos hotéis não classificados com estrelas foi de 4.976.567.476 rupias, com a receita máxima de 15.058.779.450 rupias e a receita mínima de 955.935.000 rupias.

Tabela 9 Receitas anuais dos hotéis da amostra no ano de 2012

Tipo de hotéis	Receitas (rupias)		
	Máximo	Mínimo	Média
Hotéis classificados com 1,2 e 3 estrelas	50,709,091,727	2,495,755,755	13,181,295,025
Hotéis com classificação de 4 e 5 estrelas	460,031,335,082	30,222,865,050	170,119,419,556
- Hotéis da cadeia	317,696,767,042	2,479,079,750	74,643,178,071
- Hotéis não pertencentes à cadeia			
Hotéis sem classificação de estrelas	15,058,779,450.00	955,935,000.00	4,976,567,476

4. Fugas turísticas dos hotéis da amostra
Fontes de fuga de turistas

O alojamento é uma das principais fontes de fugas no sector do turismo. A percentagem de fuga dependerá da quantidade de componentes importados que foram consumidos pelos hotéis. De acordo com Platullo (1996), os elevados níveis de fuga de turistas no desenvolvimento do turismo moderno resultam de pacotes turísticos, tais como alojamento, refeições, transportes aéreos e terrestres. Em geral, as fontes de fuga dos hotéis da amostra eram as seguintes:

(i) Alimentos importados, ou seja, todos os alimentos importados que foram utilizados pelos hotéis para servir os seus hóspedes.

(ii)   Bebidas importadas, ou seja, todas as bebidas importadas que foram utilizadas nos hotéis para servir os seus hóspedes.

(iii)   Importação de frutas e legumes, ou seja, todas as frutas e legumes importados que foram utilizados nos hotéis para servir os seus hóspedes.

(iv)   Utensílios e equipamentos importados, ou seja, todos os utensílios e equipamentos importados que foram utilizados nos hotéis.

(v)   Marketing ou formação no estrangeiro, ou seja, todas as actividades no estrangeiro realizadas pelo pessoal do hotel para melhorar as capacidades do pessoal e/ou para melhorar o desempenho dos hotéis. Estas actividades incluem a promoção e outras actividades de marketing, bem como a formação do pessoal e da gestão do hotel realizada fora do país.

(vi)   Pagamento a empregados estrangeiros, ou seja, pagamento a empregados estrangeiros.

(vii) Pagamento de taxas de reserva, ou seja, pagamento de taxas de reserva pagas a agências de viagens no estrangeiro.

(viii) Pagamento de taxas em linha, ou seja, pagamento do agente em linha no estrangeiro.

(ix)   Taxa de gestão, ou seja, o pagamento do sistema de gestão da cadeia internacional de hotéis.

(x)   Transferência de lucros para proprietários estrangeiros, ou seja, lucros que foram transferidos para proprietários no estrangeiro.

Cálculo das receitas e das fugas dos hotéis da amostra

As receitas de um hotel podem ser calculadas da seguinte forma:

$$Y = \sum_{i=1}^{3} Y_i \quad\text{...} \quad (1)$$

$$Y = Y_1 + Y_2 + Y_3$$

onde:

Y = Receita anual de um hotel da amostra

Y_1 = Receitas de quartos

Y_2 = Receitas da venda de alimentos e bebidas

Y_3 = Receitas de outros (lavandaria, spa, telefone, Internet, centro de negócios, etc.)

    Com base nas fontes de receitas, um exemplo de cálculo das receitas anuais de um hotel de amostragem é o seguinte

Tipo de hotel : Hotel de cadeia de 4&5 estrelas	
Código do hotel de amostragem : 3	
Inclui o cálculo das receitas anuais deste hotel:	
(i) Receitas de quartos (Y1)	= Rph 213.952.596.624
(ii) Receitas da venda de alimentos e bebidas (Y2)	= Rph 76,411,641,651
(iii) Receitas de outros: lavandaria, spa, etc. (Y3)	= Rph15 ,282,328,330
A receita anual deste hotel foi = Y1+ Y2 + Y3	= Rph 305.646.566.605

A fuga de turistas de um hotel pode ser calculada da seguinte forma

$$L = \sum_{1}^{n} L_i \dots\dots\dots\dots\dots\dots\dots\dots\dots\dots\dots\dots\dots\dots\dots\dots \quad (2)$$

$$L = L_1 + L_2 + L_3 + L_4 \dots + L_{10} \quad \dots\dots\dots\dots\dots \quad (2)$$

onde:

L = Fuga turística anual de um hotel da amostra

L1 = Pagamento de géneros alimentícios importados

L2 = Pagamento de bebidas importadas

L3 = Pagamento de frutas e produtos hortícolas importados

L4 = Pagamento de utensílios e equipamentos importados

L5 = Pagamento de acções de marketing ou de formação no estrangeiro

L6 = Pagamento para empregados estrangeiros

L7 = Pagamento de taxas de reserva

L8 = Pagamento de taxas em linha

L9 = Pagamento de despesas de gestão

L_{10} = Transferência de lucros para proprietários estrangeiros

Com base nas fontes de fugas para o turismo, apresenta-se de seguida um exemplo de cálculo das fugas anuais de um hotel de amostragem:

Tipo de hotel: hotel de cadeia de 4&5 estrelas

Código do hotel de amostragem : 3

Inclui o cálculo da fuga anual deste hotel:

(i)	Pagamento de géneros alimentícios importados (L1)	= Rph	12,582,810,648
(ii)	Pagamento de bebidas importadas (L2)	= Rph	120,610,800,000
(iii)	Pagamento de frutas e produtos hortícolas importados (L3)	= Rph	112,512,000
(iv)	Pagamento de utensílios e equipamentos importados (L4)	= Rph	104,800,000
(v)	Pagamento de acções de marketing ou de formação no estrangeiro (L5)	= Rph	3,000,000,000
(vi)	Pagamento a empregados estrangeiros (L6)	= Rph	1,500,000,000
(vii)	Pagamento da taxa de reserva (L7)	= Rph	530,904,290
(viii) Pagamento da taxa em linha (L8)		= Rph	5,990,672,705
(ix)	Pagamento da taxa de gestão (L9)	= Rph	6,112,931,332
(x)	Transferência de lucros para proprietários estrangeiros (L10)	= Rph	0

A fuga anual deste hotel foi = Y1+ ... + Y10=   Rph 150.545.430.975

Por conseguinte, a percentagem de fugas de um hotel pode ser calculada da seguinte forma

$$\text{Percentagem de fuga} = \frac{\underline{\text{Total Leakage}}}{\text{Total Revenue}} \times 100\% \quad (3)$$

Com base no cálculo das receitas e das fugas acima referido, a percentagem de fugas turísticas do hotel da amostra foi a seguinte

Percentagem de fugas

$$= \frac{\text{Total Leakage}}{\text{Total Revenue}} \times 100\%$$

$$= \frac{\text{Rph } 150{,}545{,}430{,}975}{\text{Rph } 305{,}646{,}566{,}605} \times 100\%$$

$$= 49.25\%$$

Nos apêndices 1, 2, 3 e 4 são apresentados mais pormenores sobre o cálculo das receitas e das fugas de todos os hotéis da amostra.

Fuga turística média dos hotéis da amostra

Com base nos cálculos das receitas e das fugas de todos os hotéis da amostra que constam dos apêndices 1, 2, 3 e 4, a média das fugas de turistas dos hotéis da amostra era a seguinte

(i)   a fuga média dos hotéis classificados com 1,2 e 3 estrelas foi de 12,0 %;

(ii)   a fuga média dos hotéis das cadeias de 4 e 5 estrelas foi de 51,0 %;

(iii)   a fuga média dos hotéis não pertencentes a cadeias classificadas com 4&5 estrelas foi de 22,7 %; e

(iv)   a fuga média dos hotéis não classificados com estrelas foi de 8,8 % (ver quadro 10 e figura 3).

Tabela 10 Fuga turística média dos hotéis da amostra

Não	Tipo de hotéis	Média		
		Fugas (%)	Sem fugas (%)	Total (%)
1.	Hotéis classificados com 1,2 e 3 estrelas	12.0	88.0	100
2.	Hotéis com classificação de 4 e 5 estrelas	51.0	49.0	100
	• Hotéis da cadeia • Hotéis não pertencentes à cadeia	22.7	77.3	100
3.	Hotéis sem classificação de estrelas	8.8	91.2	100

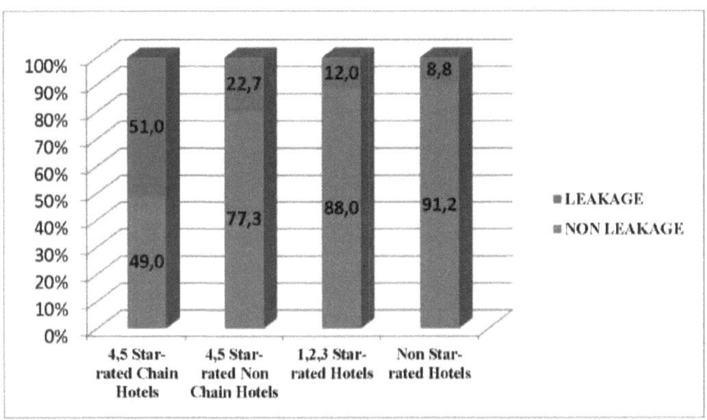

Figura 3. Fuga Média de Turismo dos Hotéis da Amostragem

Os resultados mostraram que a percentagem mais elevada de fugas de turistas do sector do alojamento em Bali se verificou nos hotéis de cadeias de 4&5 estrelas (51,0 %). Seguiram-se os hotéis de cadeia com classificação de 4&5 estrelas (22,7%) e os hotéis com classificação de 1,2&3 estrelas (12,0%). Entretanto, a fuga mais baixa registou-se nos hotéis sem classificação de estrelas (8,8%). Estes resultados indicam que (i) quanto mais elevado for o nível de classificação do hotel, maior será a fuga; e (ii) os alojamentos pertencentes a estrangeiros e/ou geridos por cadeias internacionais de hotéis têm mais fugas do que os outros tipos de alojamentos. Quanto maior for a fuga, menor será a receita do turismo recebida pelo país de acolhimento e pela comunidade. Por outras palavras, mais lucro do turismo irá para fora do país. Sugere-se que, para o futuro desenvolvimento do sector do alojamento em Bali, seja dada prioridade aos alojamentos que sejam propriedade e/ou geridos por empresas locais e nacionais, a fim de minimizar as fugas e maximizar os benefícios para a comunidade local.

5. A sequência das fontes de fuga de turistas em Bali

Com base no inquérito realizado em 79 hotéis, a sequência das fontes de fugas foi a seguinte

(i) De um modo geral, as bebidas importadas foram a primeira fonte de fugas em todos os tipos de hotéis. Entretanto, a transferência de lucros para proprietários estrangeiros foi também a principal fonte de fugas nos hotéis de cadeias de 4 e 5 estrelas. Esta foi a segunda fonte de fugas a seguir às bebidas importadas. Nos hotéis de cadeia de 4&5 estrelas, as taxas de gestão pagas aos gestores de cadeias internacionais constituíram a terceira fonte de fugas.

(ii) Os alimentos importados e o pagamento de taxas em linha também desempenharam um papel crucial como fontes de fuga em quase todos os tipos de hotéis. Nos hotéis de cadeias de 4 e 5 estrelas e nos hotéis de outras cadeias, o pagamento de funcionários estrangeiros foi também uma fonte significativa de fugas.

(iii) A fruta e os legumes importados foram também uma fonte de fugas, especialmente para todos os hotéis com classificação de estrelas.

(iv) Por último, os utensílios importados e o pagamento da taxa de reserva figuram na última posição da fonte de fuga.

A sequência das fontes de fugas em cada tipo de hotel é apresentada no Quadro 11

Quadro 11
A Sequência das Fontes de Fuga de Turismo nos Hotéis da Amostragem

Tipo de hotéis	Sequência das fontes de fuga									
	1	2	3	4	5	6	7	8	9	10
Hotéis classificados com 1,2 e 3 estrelas	b	a	i	c	e	h	d	-	-	-
Hotéis com classificação de 4 e 5 estrelas - Hotéis da cadeia	b	f	a	e	j	i	g	c	d	h
- Hotéis não pertencentes à cadeia	b	a	i	c	e	g	d	h	-	-
Hotéis sem classificação de estrelas	b	i	a	h	-	-	-	-	-	-

Observações:
a : Alimentos importados b : Bebidas importadas c : Frutas e legumes importados d : Utensílios e equipamentos importados e : Pagamento de marketing ou formação no estrangeiro f : Transferência de lucros para proprietários estrangeiros g : Pagamento de empregados estrangeiros h : Pagamento de taxas de reserva i : Pagamento de taxas em linha
j : Pagamento de taxas de gestão de hotéis de cadeias internacionais

Além disso, a quantidade de fugas de cada fonte de fugas turísticas para cada tipo de alojamento é apresentada no Quadro 12. Como se pode ver no Quadro 12, a quantidade mais elevada de fugas turísticas em todos os tipos de alojamento foi a das bebidas importadas. A quantidade de bebidas importadas representou cerca de 65% da fuga total dos hotéis sem classificação de estrelas; cerca de 45% dos hotéis com classificação de 1,2 e 3 estrelas; cerca de 70% dos hotéis sem classificação de 4 e 5 estrelas; e cerca de 64% dos hotéis com classificação de 4 e 5 estrelas. Entretanto, os alimentos importados foram também uma importante fonte de fuga em todos os tipos de alojamento. Entre todos os tipos de alojamento, o maior número de alimentos importados registou-se nos hotéis de 1,2 e 3 estrelas (cerca de 24% do total de fugas). A taxa de gestão foi uma das fontes de fuga nos hotéis de 4 e 5 estrelas, uma vez que este tipo de alojamento é gerido por cadeias internacionais de hotéis. Representou cerca de 4% do total de fugas nos hotéis de 4 e 5 estrelas. Além disso, também se registou uma transferência de lucros nos hotéis de 4&5 estrelas, dado que um dos hotéis da amostra é propriedade de estrangeiros. A transferência de lucros foi de cerca de 0,1% do total de fugas dos hotéis de 4&5 estrelas.

Tabela 12 A quantidade de fugas de cada fonte para cada tipo de alojamento em Bali

No	Origem da fuga idade	Hotéis sem classificação por estrelas (rupias)	Hotéis com classificação de 1,2 e 3 estrelas (rupias)	Hotéis não pertencentes a cadeias de 4 e 5 estrelas (rupias)	Cadeias de hotéis de 4 e 5 estrelas (rupias)
1	Alimentos	85,902,675,005 (12.6%)	37,469,160,987 (23.7%)	77,521,698,402 (6.3%)	213,933.002,184 (20.5%)
2	Bebidas	449,259,159,786 (65.7%)	70,822,831,218 (44.8%)	863,174,734,286 (69.8%)	667,635,480,000 (64.1%)
3	Frutas e legumes s	-	6,821,380,980 (4.3%)	6,531,464,288 (0.5%)	1,735,344,000 (0.2%)
4	Bens, Utensílios, Equipamentos, Materiais	-	11,294,569,374 (7.2%)	4,000,702,429 (0.3%)	1,376,700,000 (0.1%)

5	Marketing e formação do pessoal	-	8,820,000,000 (5.6%)	108,938,461,538 (8.8%)	49,800,000,000 (4.8%)
7	Pagamentos para empregados estrangeiros	-	-	87.600.000.000 (7.1%)	21.984.000.000 (2.1%)
10	Taxas online	147,996,492,159 (21.7%)	22,686,927.806 (14.4%)	89,115,720,828 (7.2%)	37,104,023,687 (3.6%)
11	Taxas de reserva	-	-	-	6,370,851,474 (0.6%)
12	Taxas de gestão	-	-	-	40,828,660,693 (3.9%)
13	Lucro Transferência	-	-	-	604,457,301 (0.1%)
	Fuga total	683,158,326,950 (100%)	157,914,870,365 (100%)	1,236,882,781,771 (100%)	1,041,372,519,339 (100%)

Número de amostras	32 hotéis	21 hotéis	14 hotéis	12 hotéis
Receitas totais dos hotéis	7,778,374,966,375	1,318,129,502,481	5,448,951,999,207	2,041,433,034,666
Percentagem de fugas	8.8%	12.0%	22.7%	51.0%
Fuga média	18.8%			

6. Pontos de vista dos gestores hoteleiros e vontade de reduzir a fuga de turistas

A fuga de turistas não pôde ser evitada porque os gestores hoteleiros têm os seus próprios pontos de vista relativamente à utilização de produtos importados. A maioria dos diretores de hotéis de cadeias de hotéis com estrelas afirmou que, para cumprir os requisitos da cadeia de hotéis, os produtos que são apresentados aos hóspedes devem ser produtos de alta qualidade. Afirmaram com firmeza que a carne, os produtos lácteos e as bebidas alcoólicas importados têm melhor qualidade do que os produtos locais. Também explicaram com firmeza que os hotéis de cadeia com classificação de estrelas necessitam de alimentos, bebidas alcoólicas, utensílios e outros equipamentos importados de alta qualidade para cumprirem o padrão de qualidade dos hotéis de cadeia. Os gerentes de outros tipos de hotéis também tinham pontos de vista semelhantes em relação aos produtos importados. No entanto, um ponto de vista ligeiramente diferente foi dado pelos hotéis sem classificação de estrelas, porque os hotéis sem classificação de estrelas utilizavam muito poucos produtos importados.

Os gestores hoteleiros têm diferentes pontos de vista sobre as causas e o impacto da fuga de turistas. Alguns gestores hoteleiros de hotéis classificados com estrelas compreenderam que a utilização de produtos e serviços importados e de empregados estrangeiros são as causas da fuga para o turismo. Compreenderam também que a fuga de turistas provocava a perda da economia local, porque algumas partes das receitas do turismo vão para fora da região ou do país de destino. No entanto, a sua mentalidade tinha sido a de servir os hóspedes com produtos de alta qualidade. Por outro lado, alguns gestores hoteleiros não se preocupam com a fuga de turistas causada por produtos e serviços importados, desde que tenham produtos de boa qualidade para servir os hóspedes. Para além disso, a maioria dos gestores hoteleiros de hotéis sem classificação de estrelas não compreendia a questão da fuga para o turismo. De facto, já utilizaram sobretudo produtos locais, exceto vinho e bebidas alcoólicas importados.

No que diz respeito ao ponto de vista dos gestores hoteleiros sobre a redução da fuga de turistas, a maioria dos gestores hoteleiros está disposta a reduzir a utilização de produtos importados e a dar prioridade aos produtos locais, desde que existam produtos locais e/ou substitutos dos produtos importados que possam cumprir os requisitos das normas de qualidade. Contudo, a situação recente em Bali mostrou que a oferta da maioria dos géneros alimentícios locais não cumpria os requisitos das normas de qualidade em termos de qualidade, quantidade e continuidade dos produtos. Embora a fuga de turistas não possa ser evitada, pode ser reduzida ou minimizada. Há uma oportunidade de reduzir a fuga de turistas através da redução da utilização de produtos importados, porque os resultados do inquérito mostraram que alguns produtos locais que são normalmente apresentados aos turistas estrangeiros têm uma relação positiva significativa com as preferências dos turistas estrangeiros. Os turistas estrangeiros também procuraram significativamente os produtos locais de Bali. Estes produtos locais eram, nomeadamente, produtos da pesca, frutas, legumes, decoração de quartos, mobiliário, estilo de construção e arquitetura balinesa.

Os resultados do inquérito acima referido revelaram que a perceção da maioria dos gestores hoteleiros sobre as necessidades dos turistas era diferente da perceção dos turistas estrangeiros sobre os produtos locais. No que diz respeito à diferença de perceção entre os gestores hoteleiros e os turistas estrangeiros que visitaram Bali, é necessário incentivar os gestores hoteleiros a mudarem a sua perceção e atitude, a fim de alterarem o seu comportamento, especialmente os que trabalham em cadeias de hotéis com classificação de estrelas. A perceção e a atitude influenciam o comportamento das pessoas (Chen e Liu, 1992; Chiliya e Lombard, 2009 e Clemons, 2008). Como afirmam Lin, et. al. (2012) e Vinson, et. al. (2007), a perceção, enquanto construção psicológica, está associada a outras construções, como a atitude e a emoção, que influenciam o processo de tomada de decisão e o comportamento do ser humano. Além disso, as razões para a fuga de turistas nos destinos turísticos circundantes são multifacetadas. Algumas das principais razões são a falta de propriedade local, de emprego local e de capital local, bem como a incapacidade de associar o turismo à economia local. A propriedade local é crucial para ser desenvolvida enquanto proprietários das principais empresas turísticas. Deste modo, a maior parte dos lucros manter-se-á na região de destino. Além disso, a fuga de turistas pode ser reduzida empregando mais habitantes locais e comprando mais bens produzidos localmente, bem como criando fortes ligações às indústrias locais (Chirenje, et. al., 2013; Kontogeorgo- poulos,1998 e Milne, 1987). Infelizmente, os empresários locais carecem frequentemente de capital, educação e experiência (Ashraful, et. al., 2012). Como resultado, os investidores estrangeiros dominam o proprietário de grandes empresas de turismo, pelo que os lucros são mantidos pelas pessoas de fora que são proprietárias das empresas. A gestão e o marketing também podem ser um problema importante para a propriedade local, uma vez que os empresários locais normalmente não têm a experiência ou a educação necessárias para comercializar produtos para estrangeiros, e a sua capacidade de se educarem é muitas vezes limitada (Blake, et. al., 2008).

O emprego local terá também um forte efeito na redução da fuga de turistas, uma vez que os salários não são geralmente objeto de fuga (Hemmati e Koehler 2000). No entanto, os residentes locais não são muitas vezes ideais para os empregos, uma vez que não dispõem de educação, experiência e competências linguísticas adequadas. Por conseguinte, as grandes cadeias de empresas importam frequentemente mão de obra mais qualificada das zonas urbanas para preencher estes postos de trabalho (Goodwin (2008); Hemmati e Koehler 2000; Mbiawa 2005). Muitos estudos concluíram que a maioria dos habitantes locais trabalhavam como mão de obra não qualificada e ganhavam salários mais baixos, enquanto os expatriados trabalhavam em cargos de direção e ganhavam salários muito elevados (Kontogeorgopoulos, 1998).

Os destinos turísticos que não promovem multiplicadores elevados e um elevado nível de ligações não produzirão um desenvolvimento económico substancial. Assim, as ligações entre a indústria do turismo e a economia local são muito importantes, o que leva a aumentar o efeito multiplicador (Hampton, 1998; Scheyvens e Russel, 2012; Smith, et. al., 1992). É crucial aumentar a quantidade de bens produzidos localmente, o que pode aumentar o efeito multiplicador. Para maximizar o impacto económico do turismo, sugere-se que a região deve tentar aumentar a quantidade de ligações entre o turismo e as empresas locais, em vez de depender de bens e serviços importados (UNWTO, 2010).

Bagus Sudibya, um dos intervenientes no sector do turismo em Bali, apoiou as conclusões deste estudo. Revelou que a sinergia entre o turismo e a agricultura é crucial para manter o turismo em Bali. Afirmou que:

> " ... O turismo e a agricultura não podem ser separados. Estão relacionados entre si. O turismo sem a agricultura ficará paralisado, enquanto a agricultura sem o turismo morrerá..." (Comunicação pessoal, 12 de maio de 2013)

Outro profissional do sector do turismo, Made Suryawan, afirmou que:

> " ... *É urgentemente necessária uma comunicação e coordenação integradas entre o governo, a indústria e as comunidades. Eles têm de compreender em profundidade as fugas, têm de ver que podemos obter mais rendimentos reduzindo as fugas...*"

Disse também que é fundamental melhorar a qualidade dos recursos humanos através de uma melhor educação. Salientou ainda que as associações hoteleiras têm de melhorar a divisão de Desenvolvimento dos Recursos Humanos (DRH) em cada hotel, trabalhando em conjunto para melhorar a qualidade dos recursos humanos. Além disso, os hoteleiros e o governo têm de trabalhar em conjunto para criar e melhorar a qualidade dos produtos turísticos, especialmente os alimentos e as bebidas. Para tal, é necessário melhorar a qualidade dos produtos agrícolas e do gado, bem como aumentar a oferta de vinhos e licores locais. É também necessário criar produtos substitutos para os produtos importados, a fim de satisfazer a procura dos turistas. Afirmou com firmeza que o governo deve apoiar os agricultores para que produzam produtos agrícolas que satisfaçam as necessidades dos turistas (Comunicação pessoal, 30th abril de 2013).

O governo deve desempenhar um papel importante na minimização da fuga de turistas. No entanto, a chefe do Gabinete de Turismo do Governo de Bali, Ida Bagus Kade Subhiksu, afirmou que não existe qualquer regulamentação relativa a restrições à importação de mercadorias, como alimentos, bebidas, mobiliário e outros artigos. O Governo da Província de Bali apenas apelou aos hoteleiros para optimizarem a utilização de produtos locais, como frutas e legumes. Surgiu o problema de a disponibilidade de frutos tropicais não poder satisfazer a procura devido à sua natureza sazonal. O Comissário afirmou que:

> "...Perdemos a oportunidade de fornecer alimentos e bebidas aos turistas devido à qualidade inadequada dos produtos locais. Têm sido feitos esforços, no entanto, muitas coisas precisam de ser resolvidas...".

A procura de frutos locais aumentou não só para satisfazer a procura dos turistas, mas também para fazer ofertas pela comunidade balinesa. Por outro lado, a oferta foi insuficiente para satisfazer a procura. Por isso, não se pode evitar a importação de frutos. Ele apercebeu-se de que, para minimizar as fugas, é crucial a cooperação entre o governo, a indústria e os agricultores (Comunicação pessoal, 4 de abril de 2013).

O governo da província de Bali envidou vários esforços para proteger e desenvolver os produtos locais, especialmente os frutos locais. O governo de Bali promoveu a valorização dos produtos locais através do "Regulamento do Governo de Bali n.º 3/2012 relativo à valorização, proteção e desenvolvimento da indústria de pequena escala". Ketut Wija, um dos funcionários do Governo de Bali, afirmou que este regulamento exige o envolvimento do sector do turismo e de outros sectores conexos para dar oportunidade aos produtos locais de serem promovidos e servidos aos turistas. Verificou-se que a qualidade dos produtos locais era inferior à dos produtos importados. Por isso, foram envidados alguns esforços para melhorar a quantidade, a qualidade e a continuidade dos produtos locais. Revelou ainda que a comunidade local deve participar no desenvolvimento de explorações frutícolas em Bali que possam produzir frutos semelhantes aos importados (Bali Post, junho de 2013).

O sector do turismo poderia também ser reforçado através de ligações mais fortes com os produtores de artesanato e artesãos regionais. A criação de sinergias com esses produtores pode permitir-lhes tornar-se fornecedores importantes de elementos de decoração de interiores, como artesanato, pinturas e outro mobiliário. Isto poderá reduzir significativamente as fugas (Scheyvens e Russel, 2012 e Synman, 2012).

Por último, pode dizer-se que a otimização da utilização do potencial dos produtos locais e dos recursos humanos aumentará significativamente os benefícios do turismo para a comunidade de acolhimento. É necessário reforçar a colaboração entre o governo e as partes interessadas para melhorar a competitividade dos produtos locais através da capacitação da comunidade local, dos líderes comunitários e das organizações comunitárias. Os subsídios do governo e dos sectores privados são cruciais através de uma melhor formação e educação, o que poderá resultar em mais lucros para os habitantes locais. A proteção dos produtos locais é também crucial através da implementação de uma política de comércio internacional que deve reforçar a competitividade dos produtos e recursos locais.

Conclusão

O cálculo da fuga de turistas para o sector do alojamento em Bali mostrou que a percentagem mais elevada de fuga dos hotéis da amostra para o sector do alojamento se verificou nos hotéis de cadeias de 4&5 estrelas (51,0%), seguidos dos hotéis de cadeias sem classificação de 4&5 estrelas (22,7%) e dos hotéis de 1,2&3 estrelas (12,0%). Entretanto, a fuga mais baixa registou-se nos hotéis sem classificação de estrelas (8,8%). Globalmente, a fuga média de turistas para o sector do alojamento em Bali foi de 18,8%.

Estes resultados indicam que: (i) quanto mais elevado for o nível de classificação dos hotéis, maior será a fuga; e (ii) os alojamentos pertencentes a estrangeiros e/ou geridos por cadeias internacionais de hotéis têm mais fugas do que os outros tipos de alojamento. Quanto maior for a fuga, menores serão as receitas do turismo recebidas pelo país de acolhimento e pela comunidade. Por outras palavras, mais lucro do turismo irá para fora do país.

Verificou-se que as fontes de fugas eram os alimentos e bebidas importados, o pagamento de taxas de reserva, taxas em linha e taxas de gestão. O pagamento da transferência de lucros pela propriedade do alojamento também foi encontrado como fonte de fuga de turistas em cadeias de hotéis com classificação de estrelas.

As fontes de fugas são as bebidas importadas, os alimentos importados, a taxa de gestão e a transferência de lucros. O montante mais elevado de fugas para o turismo em todos os tipos de alojamento foi o das bebidas importadas, seguido dos alimentos importados, da taxa de gestão na gestão de hotéis de 4 e 5 estrelas, uma vez que este tipo de alojamento é gerido por cadeias internacionais de hotéis, e da transferência de lucros, especialmente para os hotéis que são propriedade de estrangeiros.

A maioria dos gestores hoteleiros está disposta a reduzir a utilização de produtos importados e a dar prioridade aos produtos locais, desde que existam produtos locais e/ou substitutos dos produtos importados que possam cumprir os requisitos de qualidade. Os produtos que são apresentados aos hóspedes devem ser de alta qualidade, de modo a cumprir o padrão de qualidade dos hotéis da cadeia. No entanto, o facto de a maioria dos alimentos locais não cumprir os requisitos do padrão de qualidade em termos de qualidade, quantidade e continuidade dos produtos.

É necessário reforçar a colaboração entre o governo e as partes interessadas para melhorar a competitividade dos produtos locais, capacitando a comunidade local, os líderes comunitários e as organizações comunitárias através de uma melhor formação e educação por parte dos subsídios do governo e dos sectores privados. A proteção dos produtos locais é também crucial através da implementação de uma política de comércio internacional que deve reforçar a competitividade dos produtos e recursos locais.

REFERÊNCIAS

Antara, Made. 1999. *Dampak Pengeluaran Pemerintah dan Wisatawan terhadap Kinerja Perekonomian Bali: Matriz de Contabilidade Social de Pendekatan*. Dissertação não publicada. Instituto Pertaniano de Bogor. Bogor. Indonésia.

Ashley, C., H. Goodwin, D. McNab, M. Scott, e L. Chaves. 2006: *Making Tourism Count for the local Economy in the Caribbean. Guidelines for Good Practice*. Pro-poor Tourism Partnership e The Caribbean Tourism Organization.

Ashraful, M, e F. Chowdhury. 2012. O impacto do turismo numa economia deficitária: A Conceptual Model in Bangladesh Perspective. *Business Intelligence Journal*. 5 (14) : 163-168.

Gabinete de Turismo do Governo de Bali.2016. Bali Tourism Statistic 2015. Denpasar.

Bali.

Gabinete de Turismo do Governo de Bali.2017. Bali Tourism Statistic 2016. Denpasar.

Bali.

Serviço de Estatística de Bali. 2016. Bali in Figure. Denpasar. Bali.

Serviço de Estatística de Bali. 2017. Bali in Figure. Denpasar. Bali.

Blake, A, e J.S. Arbache JS, M.T. Sinclair e V. Teles. 2008. Tourism and Poverty Relief (Turismo e Alívio da Pobreza). *Annals of Tourism Research*, 5: 107-126.

Bull, A. 1991. The Economics of Travel and Tourism. Segunda edição. Pitman and Wiley, Melbourne. Austrália.

Chen, S.L. e C.K. Liu. 1992. A Study of Travel Market Segmentation by Site Attributes. *Journal of Outdoor Recreation Study*, 5(2): 39-70.

Chiliya, N. H. e G. R. Lombard. 2009. The impact of Marketing Strategies on Profitability of Small Grocery Shops in South Africa townships (O impacto das estratégias de marketing na rendibilidade das pequenas mercearias nos municípios da África do Sul). *African Jounal in Bus and Management*, 3(3): 70-79.

Chirenje, L.I., J. Chitotombe, S. Gukurume, B. Chazovachi e L, Chitongo. 2013. O Impacto das Fugas de Turismo nas Economias Locais: Um estudo de caso do distrito de Nyanga, Zimbabué. *Journal of Hum Ecol*, 42(1): 9-16 (2013).

Clemons, E.K. 2008.How Information Changes Consumer Behavior and How Consumer Behavior Determines Corporate Strategy. *Journal of Management Informomation System*, 25(2): 13-40.

Davidson, R. 1993. Tourism, 2nd ed. London: Pitman Publishing.

Dewi, N.G.A.S. 2009. *A Corporação para o Desenvolvimento do Turismo de Bali* (BTDC) *como responsável pelo* desenvolvimento *do* turismo *em Desa Bualu e Tanjung Benoa, Kawasan Pariwisata Nusa Dua - Bali*. Tese de Mestrado não publicada. Universidade de Udayana, Denpasar.

Dwyer, L., & Forsyth, P. 1994. Foreign Tourism Investment Motivation and Impact. *Annuals of Tourism Research*, 21(3), 512-557.

Fridgen, J.D. 1996. *Dimensions of Tourism*. Instituto Educacional da American Hotel & Lodging Association. Estados Unidos da América.

Gee, C.Y. 1994. International Hotels, Development and Management. East Lansing, MI: The eductaional Institute of the American Hotel and Motel Association.

Goodwin, H. 2008. Tourism and Local Economic Development, and Poverty Reduction (Turismo e Desenvolvimento Económico Local e Redução da Pobreza). *Journal ofApplied Research in Economic Development*, 5: 55-64.

Hampton, M.P. 1998. 'Backpacker tourism and economic development.', *Annals of Tourism Research,* Vol 25, No 3, pp 639-660

Harrison, D. 1992. Pro-Poor Tourism: A Critique. *Third World Quarterly.* 29(5), pp. 851-68.

Hemmati, M. e Koehler, N. 2000. Financial Leakages in Tourism. *Sustainable Travel and Tourism.* 25(29): 219-113.

Hudman, L.E., e Hawkins, D.E. 1989. Tourism in Contemporary Society, Prentice Hall, Englewood, NJ.

Huseyin, S. 1996. Social Accounting Matrix (SAM) and Its Implications for Macroeconomic Planning. Artigo avaliado não publicado, Universidade de Bradford, Centro de Planeamento de Projectos de Desenvolvimento (DPPC), Bradford, Reino Unido.

Karagiannis. 2004. As economias das Caraíbas numa era de comércio livre. pp. 3-22. M. Witter (eds).Ashgate: Aldercroft.

Kim, H. e T, Jamal. 2007. Touristic Quest for existential Authenticity. *Annals of Tourism Research, 34(1):* 181-201.

Kish, L. (1965). Survey Sampling. Direitos de autor de John Wiley & son, Inc. Biblioteca do Congresso. Estados Unidos da América.

Keuning, S.J., e W. A. De Ruijter. 2010. Guideline to The Construction of a SAM (Social Accounting Matrix) Model. Instituto de Estudos Sociais. Tebosin Consulting Engineers. Haia.

Kontogeorgopoulos, N.1998. Accommodation employment patterns an Opportunities. *Annals of Tourism Research* , Volume 25, Número 2, abril Páginas 314-33

Krugman, P.R. & M. Obstfeld. 2006. Internationall Economics. Theory and Policy. Sétima edição. Pearson Addison-Wesley. EUA

Lacher, R. G., e S. K. Nepal. 2010. From Leakages to Linkages: Local-level Strategies for Capturing Tourism Revenue in Northern Thailand. *Tourism Geographies Journal.* 12(1): 77-99.

Lundberg, D., Krishnamoorthy, E.M., e Stavenga, M. H. 1991. Tourism Economics, John Wiley. New York.

Lejarraga, I. e P. Walkenhorst. 2010. On Linkages and Leakages: Measuring The Secondary Effects of Tourism. Applied Economics Letters Journal. 17. 417-421.

Lin, L.Y. & C.S Chen. 2006 The influence of the country-of-origin image, product knowledge and product involvement on consumer purchase decisions: an empirical study of insurance and catering services in Taiwan. *Journal of Consumer Marketing, 23*(5), 248-265.

Mbaiwa. J.E. 2005. Enclave tourism and its socio-economic impacts in the Okavango Delta, Botswana. *Journal of Tourism Management*, 26: 157-172.

McIntosh, R.W., & Goeldner, C.R. 1995. Tourism Principles, Practices, Philosophies, 7ª ed. Nova Iorque: John Wiley & Sons, Inc.

Meyer, D. 2007. Pro-Poor Tourism: From Leakages to Linkages. A Conceptual Framework for Creating Linkages between the Accommodation Setor and 'Poor' Neighbouring Communities. *Current Issues in Tourism Journal*. 10(6): 558-583.

Milne, S. S. 1987. Differential Multipliers. Annals of Tourism Research 14(4):499- 515.

Mill, R. C., e A.M. Morrison. 2009. O Sistema de Turismo. Kendall Hunt Editora. Estados Unidos da América.

Pavaskar, M. 1987. Employment effects of tourism and the Indian experience. *Journal ofTravel Research*. Fall, 32-38.and Imported Orange in Badung Market. Tese não publicada. Departamento de Agronegócios da Universidade de Udayana.

Platullo, P. 1996. *Last Resorts - The Cost of Tourism in the Caribbean*, Cassell, Wellington House, Londres.

Putra, I N. D. e M. Hitchcock.2006. The Bali Bombs and the Tourism Development Cycle. *Progress in Development Studies:* 6(2), pp.1-10.

Rodenburg, E. 1980.Evaluation of The Social Economic Affects of the Three Scales. *Annals of Tourism Research*, 7(2):177-196. Departamento de Antropologia da Universidade da Califórnia, EUA

Ryan, C. 1991. Recreational Tourism. London: Routledge.

Scheyvens , R. e M. Russel. 2012. Tourism and poverty Alleviation in Fiji: Comparing the impacts of Smalland large-scale Tourism Enterprises. *Journal ofSustainable Tourism*, 20: 417-436.

Smith, C. & Jenner, P. 1992. The Leakage of Foreign Exchange Earnings from Tourism. EIU Travel & Tourism Analyst, No. 3, 52-66.

Sevilla, C.G., J.A. Ochava, T.G. Punsalam, B.P. Regala e G.G. Uriarte. 1993. Método de Investigação. Universidade da Indonésia.

Synman, S.L. 2012. The Role of Tourism Employment in Poverty Reduction and Community Perceptions of Conservation and Tourism in Southern Africa. *Journal ofSustainable Tourism*, 20: 395-416.

Thorbecke, E. 1988. The Social Accounting Matrix and Consistency Type, in Social accounting Matrices: A Basic for Planning. G. Pyatt e J.I. Round (eds). Banco Mundial, Washington, DC.

Thorbecke, E. 2000. The Use of Social Accounting Matrices in Modeling. Documento preparado para a 26ª Conferência Geral da Associação Internacional para a Investigação sobre o Rendimento e a Riqueza,

Cracóvia, Polónia, 27 de agosto a 2 de setembro de 2000. Cornell
University, Ithaca, NY 14853 USA.
PNUA (Programa das Nações Unidas para o Ambiente). 2010. Turismo e
Sustentabilidade.
[citado 2012 Fev. 10]. Disponível em URL:
http://www.unep.fr/scp/tourism/sustain/ikarempacts/ economic/
negative.htm.
PNUA (Programa das Nações Unidas para o Ambiente). 2010. Turismo e
Sustentabilidade. [cited 2012 Feb. 10]. Disponível em URL:
http://www.unep.fr/scp/tourism/sustain/ikarempacts/ economic/
negative.htm.
PNUA (Programa das Nações Unidas para o Ambiente). 2011. Economia
Verde. O Turismo Investindo na Eficiência Energética e de Recursos.[cited
2012 August. 18]. Disponível em URL:
http://www.grida.no/news/press/3469.aspx
Unluonen, K., A. Kiliclair e S. Yukel. 2011. The Calculation Approach for
Leakages of International Tourism Receipts: The Turkish Case. *Tourism
Economics Journal*. 17(4): 785-802.
UNWTO. 2007. A Practical Guide to Tourism Destination Management
(Guia prático para a gestão de destinos turísticos). Organização Mundial do
Turismo das Nações Unidas, Madrid.
Vinson, D.E, J. E. Scott, L. M. Lamont. 2007. The Role of Personal Values
in Marketing and Consumer Behavior [O papel dos valores pessoais no
marketing e no comportamento do consumidor]. Journal of Marketing,
41(2): pp. 44-50. Publicado por: Associação Americana de Marketing
Wiranatha, Agung Suryawan. 2001. A Systems Model For Regional
Planning towards Sustainable Development in Bali, Indonesia. Tese de
doutoramento não publicada. Departamento de Ciências Geográficas e
Planeamento. Universidade de Queensland. Austrália.
Yamane. 1973. Determinação da dimensão da amostra. Capítulo 3.
Metodologia. [citado 2012
6 jun.]. Disponível em URL:
www.thapra.lib.su.acth/objects/thesis/fulltex/thapra/.../chapter3.pdf.

Apêndice 1. Recapitulação do cálculo das fugas dos hotéis sem classificação de estrelas

Sem hotel	Localização	Número de quartos	Ocupação (%)	Hari Setahun	Noite no quarto	Empregados locais	Empregados estrangeiros	Preço (Rph/Noite)	Hotel Y	Y TOTAL	Fugas
1	Ubud	16	74	365	4,380	16	0	537,190	2,352,892,200.00	3,361,274,571.43	5.5
2	Kuta	41	79	365	11,822	49	0	355,829	4,206,734,978.15	6,009,621,397.36	6
3	Ubud	8	60	365	1,898	8	0	548,000	1,040,104,000.00	1,485,862,857.14	7.5
4	Sanur	8	80	365	2,336	8	0	366,680	856,564,480.00	1,223,663,542.86	6
5	Sanur	16	74	365	3,796	15	0	450,000	1,708,200,000.00	2,440,285,714.29	6.8
6	Sanur	18	80	365	5,256	7	0	300,000	1,576,800,000.00	2,252,571,428.57	6.4
7	Denpasar	44	74	365	10,439	27	0	413,223	4,313,634,897.00	6,162,335,567.14	7.6
8	Sanur	38	40	365	5,548	20	0	521,075	2,890,921,326.00	4,129,887,608.57	9.9
9	Kuta	77	50	365	18,268	115	0	577,020	10,541,145,615.00	15,058,779,450.00	9.6
10	Sanur	16	40	365	2,336	22	0	475,000	1,109,600,000.00	1,585,142,857.14	9.9
11	Sanur	30	70	365	7,665	44	0	352,000	2,698,080,000.00	3,854,400,000.00	9.6
12	Kuta	47	65	365	11,151	49	0	483,477	5,391,131,157.75	7,701,615,939.64	5.7
13	Kuta	35	40	365	5,110	35	0	596,254	3,046,857,940.00	4,352,654,200.00	10.1
14	Sanur	18	30	365	1,971	18	0	339,500	669,154,500.00	955,935,000.00	9.7

Sem hotel	Localização	Número de quartos	Ocupação (%)	Hari Setahun	Noite no quarto	Empregados locais	Empregados estrangeiros	Preço (Rph/Noite)	Hotel Y	Y TOTAL	Fugas
15	Kuta	27	40	365	3,942	20	0	504,000	1,986,768,000.00	2,838,240,000.00	8
16	Kuta	47	45	365	7,720	50	0	772,371	5,962,507,167.38	8,517,867,381.96	8
17	Kuta	23	40	365	3,358	30	0	903,500	3,033,953,000.00	4,334,218,571.43	8.4
18	Kuta	46	23	365	3,862	50	0	638,500	2,465,695,450.00	3,522,422,071.43	10.3
19	Kuta	32	50	365	5,840	25	0	275,000	1,606,000,000.00	2,294,285,714.29	9.9
20	Sanur	30	50	365	7,118	28	0	350,000	2,491,125,000.00	3,558,750,000.00	6.4
21	Sanur	106	45	365	17,411	56	0	480,000	8,357,040,000.00	11,938,628,571.43	9.5
22	Sanur	35	60	365	8,304	4	0	150,000	1,245,562,500.00	1,779,375,000.00	11.5
23	Kuta	14	65	365	3,322	40	0	625,000	2,075,937,500.00	2,965,625,000.00	10.4
24	Denpasar	70	65	365	16,608	70	0	551,240	9,154,709,996.25	13,078,157,137.50	11.1
25	Kuta	86	66	365	20,717	75	0	288,510	5,977,177,074.00	8,538,824,391.43	9.5
26	Ubud	18	70	365	4,599	10	0	649,138	2,985,383,362.50	4,264,833,375.00	7.5
27	Sanur	47	75	365	12,866	20	0	200,000	2,573,250,000.00	3,676,071,428.57	8.7
28	Sanur	29	55	365	5,822	27	0	514,000	2,992,379,500.00	4,274,827,857.14	7.5
29	Sanur	43	85	365	13,341	123	0	450,000	4,985,851,838.25	7,122,645,483.21	9.5

Sem hotel	Localização	Número de quartos	Ocupação (%)	Hari Setahun	Noite no quarto	Empregados locais	Empregados estrangeiros	Preço (Rph/Noite)	Hotel Y	Y TOTAL	Fugas
30	Kuta	50	85	365	15,513	46	0	375,000	4,653,750,000.00	6,648,214,285.71	9.2
31	Kuta	50	80	365	14,600	43	0	350,000	5,475,000,000.00	7,821,428,571.43	5.2
32	Sanur	12	80	365	3,504	10	0	425,000	1,051,200,000.00	1,501,714,285.71	6.9

Apêndice 2. Recapitulação do cálculo das fugas dos hotéis classificados com 1,2,3 estrelas

Sem hotel	Localização	Número de quartos	Ocupação (%)	Hari Setahun	Noite no quarto	Empregados locais	Empregados estrangeiros	Preço (Rph/noite)	Hotel Y	Y Total	Fugas
1	Sanur	115	79	365	33160.25	160	0	450,332	14,933,121,703	21,333,031,004	10.5
2	Sanur	100	40	365	28835.00	78	0	294,196	8,483,141,660	12,118,773,800	9.7
3	Kuta	84	80	365	24221.40	82	0	460,417	11,151,944,324	15,931,349,034	10.7
4	Kuta	146	70	365	42099.10	98	0	510,246	21,480,897,379	30,686,996,255	8.8
5	Kuta	60	70	365	17301.00	40	0	336,595	5,823,430,095	8,319,185,850	10.3

6	Sanur	79	68	365	22779.65	89	0	373,821	8,515,511,543	12,165,016,490	9.9
7	Kuta	90	80	365	25951.50	116	0	429,886	11,156,186,529	15,937,409,327	9.7
8	Sanur	38	76	365	10957.30	47	1	513,203	5,623,313,753	8,033,305,362	11.8
9	Sanur	98	90	365	28258.30	220	0	1,131,808	31,982,955,877	45,689,936,968	11.9
10	Sanur	28	69	365	8073.80	82	0	1,428,250	11,531,404,850	16,473,435,500	12
11	Sanur	61	84	365	17589.35	77	0	387,923	6,823,313,420	9,747,590,600	12
12	Kuta	173	80	365	49884.55	200	0	1,016,529	50,709,091,727	72,441,559,610	13.5
13	Kuta	96	65	365	27681.60	130	0	726,240	20,103,471,343	28,719,244,776	9.5
14	Kuta	122	61	365	35178.70	138	1	502,361	17,672,389,321	25,246,270,459	12.9

15	Ubud	80	70	365	23068.00	85	0	725,207	16,729,063,542	23,898,662,203	11.3
16	Kuta	44	50	365	12687.40	9	0	336,595	4,270,515,403	6,100,736,290	10.9
17	Sanur	18	75	365	5190.30	25	0	480,850	2,495,755,755	3,565,365,364	10.1
18	Sanur	40	65	365	11534.00	30	0	422,500	4,873,115,000	6,961,592,857	9.3
19	Kuta	18	48	365	5190.30	47	1	785,455	4,076,744,491	5,823,920,702	12.2
20	Kuta	22	80	365	6343.70	22	0	521,075	3,305,540,306	4,722,200,437	12.9
21	Kuta	95	85	365	27393.25	104	0	550,000	15,066,287,500	21,523,267,857	13.3

Apêndice 3. Recapitulação do cálculo das fugas dos hotéis não pertencentes à cadeia de 4,5 estrelas

Sem hotel	Localização	Número de quartos	Ocupação (%)	Hari Setahun	Quarto Noite	Empregados locais	Empregados estrangeiros	Preço (Rph/noite)	Hotel Y	Y TOTAL	Fugas
1	Nusa Dua	541	66	365	130,327	588	4	1,706,384	222,387,736,930	317,696,767,042	22.2

2	Kuta	57	80	365	16,644	100	0	1,704,143	28,363,747,770	40,519,639,671	18
3	Nusa Dua	150	77	365	42,158	235	0	1,079,802	45,521,752,815	65,031,075,450	19.9
4	Ubud	67	65	365	15,896	157	0	762,423	12,119,285,402	17,313,264,860	18
5	Ubud	27	75	365	7,391	20	0	905,042	6,689,391,683	9,556,273,832	19
6	Kuta	318	80	365	92,856	483	3	1,510,967	140,302,305,324	200,431,864,749	21.9
7	Kuta	101	79	365	29,123	110	0	831,405	24,213,298,807	34,590,426,867	12.6
8	Ubud	108	66	365	26,017	295	2	1,482,432	38,568,716,822	55,098,166,888	18.6
9	Sanur	182	87	365	57,794	350	0	946,662	54,711,449,397	78,159,213,425	18.1
10	Ubud	34	12	365	1,489	113	0	1,165,294	1,735,355,825	2,479,079,750	19.4
11	Sanur	120	75	365	32,850	180	0	1,672,344	54,936,483,975	78,480,691,393	19.3
12	Ubud	52	64	365	12,147	339	1	2,561,129	31,110,540,115	44,443,628,736	20.3
14	Sanur	23	60	365	5,037	126	0	1,816,488	9,149,647,538	13,070,925,054	20.6
15	Nusa Dua	173	70	365	44,202	75	0	1,395,732	61,693,432,697	88,133,475,282	18.7

Anexo 4. Recapitulação do cálculo das fugas dos hotéis da cadeia de 4,5 estrelas

Sem hotel	Localização	Número de quartos	Ocupação (%)	Hari setahun	Noite no quarto	Empregados locais	Empregados estrangeiros	Preço (Rph/noite)	Hotel Y	Y TOTAL	Fugas
1	Nusa Dua	35	15	365	1,916	157	4	11,040,316	21,156,005,535	30,222,865,050	66.7
2	Kuta	187	70	365	47,779	261	2	1,043,976	49,879,583,427	71,256,547,753	43
3	Sanur	390	78	365	111,033	350	4	1,926,928	213,952,596,624	305,646,566,606	47.6
4	Jimbaran	147	85	365	45,607	646	20	3,953,700	180,315,407,475	225,394,259,344	54.2
6	Nusa Dua	500	81	365	147,825	726	4	1,388,287	205,223,451,863	293,176,359,804	43
7	Nusa Dua	120	80	365	35,040	231	2	1,203,305	42,163,818,880	60,234,026,971	46
8	Kuta	130	70	365	33,215	103	1	764,000	25,376,260,000	36,251,800,000	41
9	Nusa Dua	186	77	365	52,275	177	2	1,291,884	67,533,606,240	96,476,580,343	41

10	Nusa Dua	175	70	365	44,713	160	2	1,150,517	51,442,469,006	73,489,241,438	46.8
11	Nusa Dua	276	67	365	67,496	460	8	1,654,124	111,646,422,679	159,494,889,542	49.1
12	Nusa Dua	122	75	365	33,398	358	11	9,642,097	322,021,934,558	460,031,335,082	51
13	Nusa Dua	334	76	365	92,652	631	11	1,735,869	160,830,993,915	229,758,562,735	49.9

Printed by Books on Demand GmbH, Norderstedt / Germany